6 리사이클링 대회에 도전하라!

글 서해경 | 그림 이경석 | 감수 김문주(EBS 초등 강사)

글 서해경

어렸을 때는 친구들에게 이야기를 들려주었고, 지금은 이야기를 글로 쓰고 있습니다. 글을 쓸수록 신기하고 궁금한 것들이 많아집니다. 이런 호기심을 글로 풀어내려고 합니다. 《통신문》 시리즈, 《꼬불꼬불나라의 이야기》 시리즈, 《더불어 사는 행복한 정치》 등을 썼고, 초등 국어교과서에 《들썩들썩 우리놀이 한마당》 이 실렸습니다.

그림 이경석

기발하고 웃음 가득한 그림을 그리고 싶은 만화가이자 일러스트레이터입니다. 만화책 《좀비의 시간》 《을식이는 재수 없어》 등을 쓰고 그렸으며, 그린 책으로는 《읽자마자 수수께끼 왕!》 《수상한 유튜버 과학탐정》 《엄마, e스포츠 좀 할게요!》 《퀴즈, 유해 물질!》 《정약전과 자산어보》 《한밤의 철새통신》 《빛난다! 한국사 인물 100》 등이 있습니다.

감수 김문주

현직 청수초등학교 교사이자 EBS 초등 강사입니다. 어린이들에게 하나씩 알아가는 재미, 배움의 즐거움을 느끼게 해 주고 싶습니다. 〈EBS 라이브 특강〉 〈온라인 개학〉 등의 강의를 진행하였으며, 다수의 EBS 초등 과학 콘텐츠 및 교재 개발에 참여하고 있습니다.

1판 1쇄 발행 2023년 5월 30일
1판 2쇄 발행 2024년 11월 10일

글 서해경 | 그림 이경석 | 감수 김문주

펴낸이 김유열 | 디지털학교교육본부장 유규오 | 출판국장 이상호
교재기획부장 박혜숙 | 교재기획부 장효순

기획·책임편집 전윤경 | 디자인 김신애 | 인쇄 명진씨앤피

펴낸곳 한국교육방송공사(EBS)
출판신고 2001년 1월 8일 제2017-000193호
주소 경기도 고양시 일산동구 한류월드로 281
대표전화 1588-1580 | 이메일 ebsbooks@ebs.co.kr
홈페이지 www.ebs.co.kr

ISBN 978-89-547-7635-6 74400
      978-89-547-5927-4 (세트)

ⓒ 2023, EBS·서해경·이경석

사진 협조 Shutterstock

이 책은 저작권법에 따라 보호받는 저작물이므로 무단 전재 및 무단 복제를 금합니다.
파본은 구입처에서 교환해 드리며, 관련 법령에 따라 환불해 드립니다. 제품 훼손 시 환불이 불가능합니다.

추천사

지금은 21세기입니다. 이젠 과학을 문화로 즐길 수 있어야 행복한 시대입니다. 과학을 즐긴다는 것은 무엇일까요? 세상의 모든 과학 지식을 습득한다는 말은 아닙니다. 과학 지식은 엄청나게 빨리 확장됩니다. 과학자조차도 쫓아갈 수 없을 정도죠. 과학을 즐긴다는 것은 과학자처럼 창의적으로 생각하고 과학자처럼 세상을 대하는 태도를 갖는다는 말입니다.

그런데 과학적인 사고방식과 태도는 저절로 하늘에서 떨어지는 게 아닙니다. 과학을 즐기기 위한 마중물이 필요합니다. 기초적인 지식이죠. 그런데 이게 벌써 장벽이더라고요. 『과학이 BOOM!』 시리즈는 과학 세계로 들어가는 장벽을 낮추고 문을 넓혀 주는 책입니다. 아무런 강요 없이 초등학생이 알아야 할 과학에 관한 전반적인 것을 알려 줍니다. 초등학생은 물론이고 부모님께도 추천합니다.

이정모 (국립과천과학관장)

궁금한 것도 많고 알고 싶은 것도 많을 때, 가장 좋은 방법은? 바로 정확한 정보가 담긴 좋은 과학책을 읽는 것입니다.

과학책은 대부분 어렵고 지루하고 재미없어서 싫어한다고요? 하지만 세상에는 유튜브보다 빠르게, 틱톡보다 재미있게 과학 궁금증을 풀어내는 과학책도 존재합니다. 바로 『과학이 BOOM!』 시리즈입니다.

"난 평범하게 살고 싶어!"를 외치면서도 과학 천재인 본모습을 숨기지 못하고 언제 어디서나 '여기서 잠깐!'을 외치는 수호를 따라 책장을 넘기다 보면, 어느새 궁금증은 해결되어 있고 나아가 궁금증에 대한 답을 찾는 원리까지 알게 됩니다. 엉뚱한 매력의 신기한 과학책, 『과학이 BOOM!』 시리즈를 통해 과학의 즐거움을 만끽하시길 바랍니다.

하리하라 이은희 (과학 커뮤니케이터)

 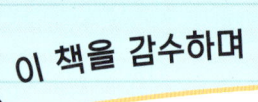 

짜릿한 숨은 과학 찾기

"우리 주변의 모든 사물과 현상에 ○○가 숨어 있다!"
○○에 들어갈 말은 무엇일까요? 바로 '물리'입니다!

물리는 자연 현상의 가장 기본 원리를 탐구하는 학문이에요. 그러니까 이 세상의 모든 사물과 현상이 물리의 탐구 대상이 될 수 있는 것이죠!

하루에도 몇 번씩 보는 거울, 햇빛 쨍한 날이면 졸졸 따라다니는 그림자, 딱, 딱 스위치를 켰다 껐다 하면 켜졌다 꺼지는 전등……. 이런 것이 다 물리예요. 어때요? 이 정도면 일상이 물리라고 할 수 있겠죠?

혹시 물리는 어렵고 지루하다고 생각했나요? 『과학이 BOOM!』 물리편과 함께 우리의 일상 속에 숨어 있는 과학을 찾아봐요.

『과학이 BOOM!』은 등장인물들이 펼쳐 가는 흥미진진한 이야기 속에 과학을 숨겨 두었습니다. 이야기에 푹 빠져 술술 책을 읽다 보면, '아하!' 배움의 짜릿함도 느낄 수 있지요.

이야기 중간중간 등장인물이 '여기서 잠깐!'을 외칠 때가 있어요. 여러분이 꼭 알아야 할 교과서 속 과학 지식을 한눈에 보기 쉽게 정리해 주는 부분이죠. 이해하기 쉬운 그림과 등장인물의 재치 있는 설명이 재미까지 더해 줍니다.

또, 책의 끝부분에 있는 '과학 레벨업 하기'에서는 교과서를 넘어 더 깊이 있는 내용까지 담겨 있어요.

이 책을 읽고 나면, 나를 둘러싼 사물과 현상이 다시 보일 거예요. 이야기 속에 숨어 있는 과학도 찾고, 이 세상에서 일어나는 자연 현상도 이해하고, 배움의 즐거움도 느끼러 떠나 볼까요?

EBS 초등 강사

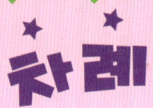

1장 리사이클링 대회가 열린다고? · 물질의 성질과 자석 ······ 10

과학 3-1 물체와 물질의 차이 / 물체의 기능과 물질의 성질
자석의 성질 / 나침반과 자석 / 자석의 이용

2장 뭐야! 최기인이 또? · 물체의 무게 ···················· 28

과학 4-1 수평 잡기의 원리와 양팔저울 / 양팔저울로 무게 재기
물체의 무게 비교 / 용수철저울로 무게 재기

3장 나만의 자전거를 찾아라 · 빛과 렌즈 ················ 48

과학 6-1 빛의 성질 / 물속에 있는 물체는 어떻게 보일까
햇빛이 프리즘을 통과하면 어떻게 될까 / 볼록 렌즈와 오목 렌즈

4장 안녕하세요. 자전거가 나갑니다 · 물체의 운동 ········ 64

과학 5-2 물체의 운동이란 뭘까 / 물체의 빠르기는 어떻게 비교할까
물체의 속력 구하기 / 속력과 속도

5장 번개는 어디에? · 소리의 성질 ······················· 82

과학 3-2 소리가 생기는 이유 / 소리는 어떻게 전달될까
소리의 세기와 높낮이, 반사

6장 아슬아슬 초보 운전은 무서워 · 거울과 그림자 ······ 102

과학 4-2 거울에 비친 모습은 실제와 어떻게 다를까 / 평면 거울과 볼록 거울, 오목 거울
빛과 그림자 / 그림자의 크기 및 모양을 바꾸는 방법

7장 **범인은 누구?** · 전류와 전기 회로 ·········· **118**

    과학 **6-2**   도체와 부도체 / 전류와 전자 / 전구에 불을 켜려면 어떻게 해야 할까
                전기 회로 연결하기

8장 **리사이클링 대회에 가다** · 전기의 이용과 전자석 ········ **134**

    과학 **6-2**   직렬연결과 병렬연결 / 영구 자석과 전자석 비교

부록 **과학 레벨업 하기**

- 무게의 단위 ·· **154**

  과학 **4-1**   물체의 무게를 나타내는 단위

- 볼록 렌즈에 햇빛을 통과시키면 어떻게 될까? ············· **155**

  과학 **6-1**   볼록 렌즈를 통과한 햇빛은 어떻게 될까

- 생활 여러 곳에서 쓰이는 볼록 렌즈 ·························· **156**

  과학 **6-1**   생활 속에서 볼록 렌즈는 어디서 쓰일까

- 볼록 렌즈로 간이 사진기 만들기 ······························· **157**

  과학 **6-1**   간이 사진기로 물체를 보면 어떻게 보일까

- 전구에 불이 켜지는 조건 ············· **159**

  과학 **6-2**   전구에 불이 켜지게 하는 조건

- 전자석 만드는 방법 ······· **160**

  과학 **6-2**   전자석 만들기

주요 등장인물

수호

안녕! 나는 사실 로봇을 설계할 정도의 천재야. 하지만 평범한 생활이 좋아서 정체를 숨기고 있어. 절친 안느와 세찬이만 내 정체를 알지. 나는 지금의 이 평범한 생활이 진짜 진짜 좋아!

안느

길고양이를 돌보는 비밀 고양이 클럽인 '비고'를 이끌고 있어. 근데 수호도 세찬이도 요즘 너무 관심이 없는 것 같아. 이러다 비고 클럽에 나만 남는 거 아냐?

세찬

드디어 나에게 기회가 왔어! 재활용품 발명가인 나에게 꼭 맞는 대회가 열린대. 멋진 발명품으로 세상을 놀래 줘야지! 안느랑 수호도 깜짝 놀라겠지? 히히.

그 외 등장인물

최기인

오랜만에 세찬이를 만났어. 이번에 우리 학교에서 열리는 리사이클링 대회에 참가한다더라고. 세찬이랑 라이벌 구도라니, 이게 얼마 만이야! 훗, 벌써 기대되는데?

기인의 친구들

우리는 기인이 단짝 친구들이야. 이번에 함께 대회를 준비하기로 했지. 우리가 어떤 작품을 만들어 낼지 기대해도 좋아!

미래 자원 사장

요즘 사람들은 물건을 너무 함부로 버리는 것 같아. 그러고 보면 재활용 쓰레기의 가치를 아는 세찬이와 기인이는 참 기특하단 말이야. 다른 사람들도 이 아이들처럼 물건을 아끼고 재활용하면 좋을 텐데….

이 세상에는 무척 많은 물질들이 있잖아.
물리는 그 물질들의 수수께끼를
연구하는 학문이야.
이번 장에서는 물질에는 어떤 성질이 있는지,
자석은 어떤 성질을 가지는지 살펴볼 거야.
준비됐지?

1장

리사이클링 대회가 열린다고?

물질의 성질과 자석

"이제 K스타가 되는구나!"

세찬이가 '창의력 과학 교실' 수업을 듣는 과학 실험실에서 나오며 두 팔을 번쩍 들었다.

"왜 이렇게 늦게 나와?"

복도에서 세찬이를 기다리던 안느가 물었다. 안느는 곱슬곱슬한 긴 머리카락을 어깨 뒤로 넘겼다. 아침마다 엄마가 촘촘 땋아 주려 하지만, 안느는 싫다. 오늘은 엄마 팔 아래로 슬라이딩해서 탈출했다. 덕분에 안느의 스타일을 지킬 수 있었다.

"스타……? 무슨 별……?"

마침 수호가 과학 실험실 옆 화장실에서 나왔다.

"그 별 말고 스타 있잖아, 유명한 사람. 근데 넌 과학 천재라면서 손도 제대로 못 씻냐?"

안느가 수호 소매 끝을 잡아 비틀자, 주룩 물이 떨어졌다.

수호가 팔을 당겨 안느 손에서 옷소매를 뺐다. 그리고 쪼글쪼글해진 소매를 잡아당겨 주름을 폈다.

"지금 그딴 소맷부리 펴는 게 중요한 게 아냐! 너희의 소중한 친구, 이세찬이 유명해진다고! 비고에 가자. 내가 진심 엄청난 얘기해 줄게."

세찬이는 신나서 어쩔 줄 모르겠다는 듯, 웃음이 삐져나왔다. 세찬이는 후다닥 계단을 뛰어 내려갔다.

"이게 뭐야? 이런 게 왜 여기 있어?"

비고에 도착해 보니 문 앞 낡은 플라스틱 의자 위에 못 보던 어항이 놓여 있었다. 둥근 유리 어항엔 모양, 재료, 크기가 제각각인 열쇠가 가득했다.

"열쇠가 없어! 누가 가져갔나 봐."

수호가 늘 열쇠를 붙여 두는 의자 밑을 손으로 더듬었다.

"열쇠 안 없어졌어. 어항은 내가 가져온 거야. 그 안에 비고 열쇠도 있어."

세찬이가 안느와 수호를 차례로 보며 말했다.

"뭐……? 왜!"

안느와 수호가 동시에 외쳤다.

수호가 움찔했다. 그리고 잽싸게 안느를 쳐다봤다. 이럴 때 '찌찌뽕'을 외치는 게 진정한 초등학생의 자세 아닐까? 하지만 수호가 무슨 생각을 하는지 다 꿰뚫어 보는 양, 안느는 어림없다는 듯이 수호를 잠깐 노려보고 팔짱을 꼈다.

세찬이가 자석에서 열쇠를 떼어 비고 문에 걸린 자물쇠를 풀었다.
"안 멋져! 그럼, 열쇠 대신 자석을 가지고 다녀야 하잖아!"
안느가 비고 안으로 들어가며 투덜거렸다.
"이건 물질의 성질을 활용한 매우 과학적이지만, 매우 비합리적인 방법이야."
수호도 중얼거리며 안으로 들어갔다.
"아휴, 유리병이라서 그렇게 무거웠던 거네."
안느가 가방에서 미숫가루 물이 담긴 유리병을 꺼내고, 고양이 사료를 가방에 넣었다.

안느와 세찬, 수호는 길고양이를 돌본다. 매일 사료와 물을 챙겨 주고, 아픈 길고양이는 치료도 해 준다. 비고는 세 친구들의 비밀 아지트다. 재활용 쓰레기로 물건을 만들기 좋아하는 세찬이가 솜씨를 발휘했다. 비고에서 놀고, 숙제랑 공부도 하지만 주로 길고양이에게 필요한 집, 자동 사료 지급기 등을 만들었다. 길고양이에게 필요한 물품도 비고에 보관했다.

"초등학생 리사이클링 대회에 나갈 거야. 1차 예선부터 서바이벌로 올라가. 결선은 텔레비전으로 방송한대. 나 방송 나갈 거야."

세찬이가 가슴을 탁 치며 어깨를 쫙 폈다.

"꿈은 큰 게 좋지. 수호야, 이거 먹을래? 울 엄마가 줬어."

안느는 대수롭지 않은 듯 말하며 플라스틱 컵에 미숫가루 물을 따라서 수호에게 내밀었다.

"미안, 나 미숫가루 잘 못 먹어."

수호가 고개를 흔들었다.

"애들아! 나한테도 좀 집중해 줘. 나 진짜 유명해질 거 같다니까?"

세찬이가 두 손을 허리에 짚었다.

"자!"

안느가 미숫가루 물이 담긴 컵을 세찬이 얼굴 앞에 내밀었다. 세찬이가 눈을 부라렸다.

"오호! 이세찬, 진짜 진지하네! 먹을 걸 거부한다고?"

수호가 읽던 로봇 잡지를 덮고 세찬이에게 주목했다.

"반, 드, 시 1등 할 거야. TV에도 나오고. 내 실력 알지?"

세찬이 말에 안느, 수호가 고개를 끄덕였다.

"그래서 너희한테 미리 말할 게 있어."

세찬이 목소리가 진지해졌다.

"미리 말하지만 난 못 도와줘. 번개 돌봐야 돼."

안느가 똑 부러지게 말했다. 번개는 며칠 전부터 호수 마을에 나타난 검은 고양이다. 한쪽 눈에 번개 모양 상처가 있는데, 날이 더워서인지 상처에서 진물이 흘러 안느는 애가 탔다.

"나도 요즘 좀 바빠! 새 프로젝트 시작했거든."

수호도 난처한 듯, 어깨를 으쓱했다.

"도와 달라는 거 아냐. 앞으로 재활용 쓰레기가 많이 필요할 텐데 둘 데가 없어. 그래서 한 달만 여기 쓰고 싶다고."

"난 상관없어. 너는?"

수호가 안느에게 물었다.

"나도. 근데 저쪽은 쓰지 마."

안느가 창문이 있는 벽 쪽 커다란 고양이집을 가리켰다.

"알았어, 알았어. 어, 그럼 재활용 쓰레기를 모아야 하니까 미래 자원부터 가야겠다."

"같이 가 줄까?"

수호가 말했다. 못 돕는다고 말했지만 재료 모으는 정도는 도와도 될 것 같았다.

"좋지, 가자!"

세찬이와 수호가 가방을 메고 비고 밖으로 나갔다.

바빠서 나 먼저 갈게!
비고 열쇠는 나중에 다시
의자 밑에 붙여 놔.

왜~
어항에 두고 쓰자.

물체와 물질

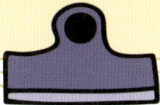

 물질마다 성질이 달라서 물체의 기능에 맞는 물질로 만들어야 해.

 만약 고무로 연필을 만들면 흔들려서 글씨를 못 쓰겠지?

지우개를 돌로 만들면 노트가 찢어질 거야.

연필이 너무 흐물거려.

노트 다 찢어졌어!

 물질의 성질에는 이런 것들이 있어.

금속
광택이 있고 다른 물체보다 단단해.

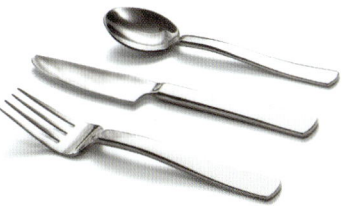

플라스틱
금속보다 가볍고 다양한 모양의 물체를 만들기 쉬워.

고무
쉽게 구부러지고, 늘어났다가 다시 돌아오는 성질이 있어. 부드럽고 미끄러지지 않아.

나무
금속보다 가볍고 고유한 향과 무늬가 있어.

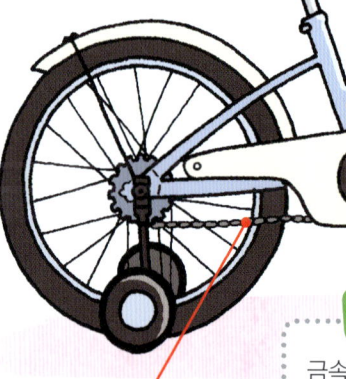

자석의 성질

어떤 자석이든 N극과 S극, 이렇게 두 개의 극을 가지고 있어. 철로 된 물건을 붙였을 때 가장 많이 붙는 곳이 자석의 극이야.

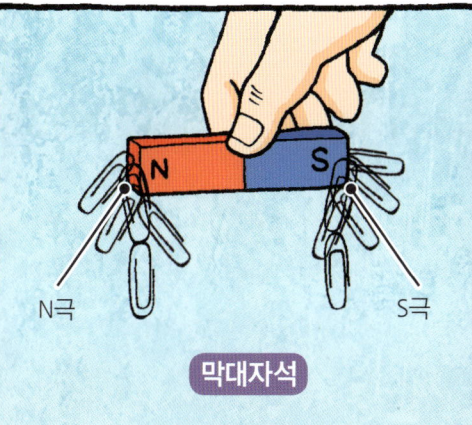
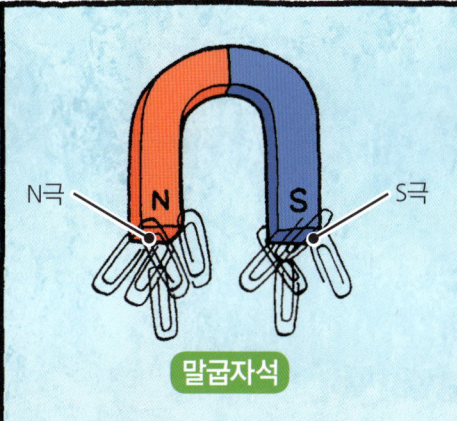

만약 막대자석을 자르면, 극이 2개인 새로운 자석이 생겨. 자석을 자르면 자르는 만큼 새로운 자석이 계속 생기지.

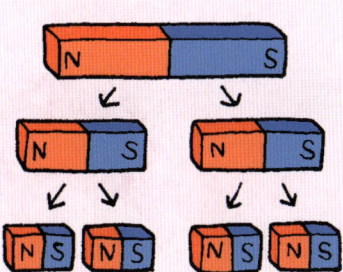

 이런 자석의 성질을 이용한 물건들은 다양해.

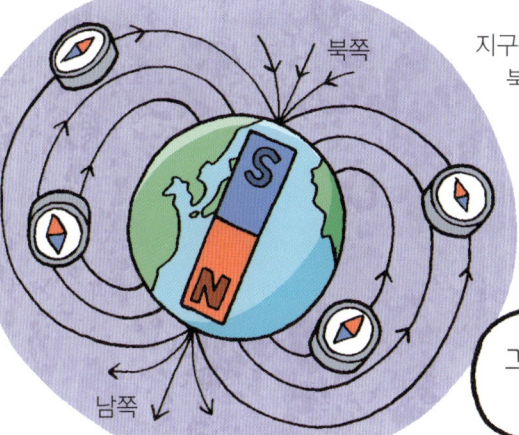

지구는 사실 거대한 자석이라 할 수 있어. 북쪽이 S극, 남쪽이 N극이지. 나침반의 바늘은 자석으로 되어 있기 때문에 나침반의 N극은 항상 지구의 S극, 즉 북쪽을 가리켜.

 그래서 나침반은 모두 똑같은 방향을 가리키는 거구나!

나침반을 막대자석 주위에 놓으면 나침반 바늘이 빙글 돌아서 자석의 극을 가리켜. 나침반을 막대자석에서 떨어뜨리면 다시 나침반의 N극이 지구의 북쪽을 가리켜.

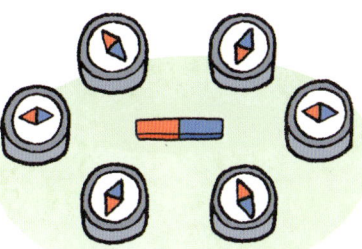

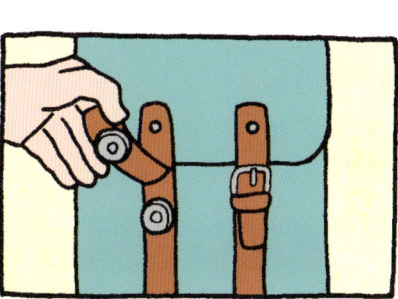

자석 필통이나 가방의 자석 단추는 자석의 다른 극끼리 찰싹 붙는 성질을 이용해 만든 거야.

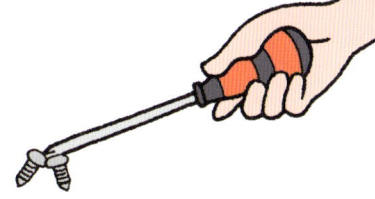

드라이버 끝부분이 자석으로 되어 있는 경우도 있어. 드라이버에 나사가 붙으면 나사를 조이거나 풀기가 더 수월해.

저울은 무게를 재는 도구야. 무게는
지구가 물체를 잡아당기는 힘의 크기지.
자전거보다 자동차가 훨씬 무겁지?
그건 지구가 자동차를 더 세게 잡아당기기 때문이야.
그런데 그 무거운 자동차 무게를
6분의 1로 줄이는 방법이 있어.
과연 어떤 방법일까?

2장

뭐야!
최기인이 또?

물체의 무게

　　　　미래 자원은 호수 마을의 재활용 쓰레기를
　　　　모으는 회사다. 낡은 소파, 선풍기와 냉장
고, 유모차, 책장, 냄비, 빈 캔이 가득한 마대 주머니
등 재활용 쓰레기들이 산더미처럼 쌓였다.
　"최, 기, 인!"
　세찬이가 한 글자씩 힘을 주어 큰 소리로 이름을 불렀다.
그러고는 깊게 숨을 내쉰 뒤, 가슴을 쑥 내밀고 허리도 꼿꼿
하게 세워서 미래 자원 안으로 들어갔다.
　"왜……?"

수호가 세찬이를 보고 주위를 둘러봤다.

"야, 이세찬!"

한쪽에서 재활용 쓰레기를 뒤지고 있던 여자애가 세찬이를 알은체했다. 그 아이가 성큼성큼 다가왔다. 멀리서 봐도 컸는데 가까이 다가오니 훨씬 키가 컸다. 세찬이보다 20센티미터 정도 컸다. 친구 같은 다른 여자애 두 명이 호기심 가득한 표정으로 세찬이와 수호를 쳐다봤다.

수호가 한 걸음 뒤로 물러났다.

"오랜만! 난 최기인이야. 세찬이랑 같은 유치원 다녔어, 햇살 유치원. 호수 공원 옆에 있어."

최기인이 세찬이에게 한 손을 들어 인사하고, 수호에게는 고개를 살짝 숙여 인사했다. 친절한 아이 같았다.

"아, 거기……?"

수호도 안다는 표시로 고개를 끄덕였다. 그리고 흘낏 세찬이를 쳐다봤다.

"넌 여기서 찾은 걸로 뭐 할 거야?"

수호는 최기인에게 호기심이 생겼다. 한울 과학 초등학교는 과학 특성화 수업으로 유명한 학교다. 수업도 토론과 실험 위주로 한다고 했다. 수호 부모님이 한울 과학 초등학교를 권했지만, 수호는 평범한 초등학생으로 지내고 싶어서 호수 초등학교를 선택했다.

"리사이클링 대회가 있어. 그게 재활용 쓰레기로만 만들어야 하거든. 아니다, 어떤 쓰레기라도 다시 이용할 수 있으면 재활용 쓰레기가 되는 건가? 하하하!"

최기인이 수호에게 눈을 찡긋하며 웃었다.

"너, 너, 너도 리사이클링 대회에 나간다고? 그, 그 텔레비전에 나올 그, 그 대회……?"

세찬이가 최기인을 검지로 가리키며 다섯 걸음쯤 다가갔다. 손가락이 최기인 턱에 닿을 듯했다.

"응. 그거 우리 학교에서 해. 1차 예선전."

최기인이 세찬이 손가락을 옆으로 밀쳤다. 둘 사이에 긴장감이 흘렀다. 아니다, 세찬이 얼굴만 비장했고, 최기인은 빙글빙글 웃고 있었다.

'윽! 이럴 땐 어쩌지? 안느를 데려왔어야 했어.'

수호는 세찬이와 최기인을 번갈아 보며 진땀을 흘렸다.

"기인아!"

뒤에 있던 친구들이 최기인을 불렀다. 최기인이 친구들을 돌아보고 다시 세찬이와 수호를 봤다.

"사장님 지금 안 계셔. 암튼 필요한 거 잘 골라. 간다!"

최기인은 세찬이와 수호를 향해 두 손을 들어 인사하고, 친구들에게 돌아갔다.

"응, 너도……."

수호가 최기인 등에 대고 웃으며 손을 들었다. 그러다 세찬이의 강렬한 시선에 움찔해서 얼른 웃음을 지웠다.

"최기인은 다섯 살 때, 햇살 유치원에서 처음 만났어. 그때부터 내 인생을 가로막는 경쟁자였어. 최기인이 딴 학교 가서 얼마나 기뻤는데, 이렇게 또……."

세찬이가 입술을 깨물었다.

"쟤가 어쨌는데……?"

세찬이가 거칠게 씩씩거렸다.

"다섯 살 때면, 호랑이가 팥죽 먹던 시절이네. 넌 이미 달라졌어. 리사이클링의 달인 이세찬이잖아!"

수호가 세찬이 등을 세게 쳤다. 윽! 세찬이가 등을 문지르며 수호를 쳐다봤다.

"그런가? 그렇지! 나 실력 엄청 늘었지?"

세찬이가 눈에 힘을 주고, 고개를 크게 끄덕였다. 두 친구는 재활용 쓰레기 산더미를 뒤지기 시작했다.

자전거를 뺏기고, 세찬이와 수호는 더 열심히 재활용 쓰레기를 뒤졌다. 쓸 만한 건 최기인에게 다시 뺏기지 않으려고 멀찌감치 모아 뒀다. 힐끔 쳐다보니, 최기인과 친구들도 재활용 쓰레기 더미 위에까지 올라가서 열심히 찾고 있었다.

그때 미래 자원 안으로 재활용 쓰레기를 수북하게 실은 낡은 트럭이 들어왔다.

"얘들아, 조심해! 위험하니까 필요한 건 아저씨한테 말해!"

미래 자원 사장과 직원이 트럭에서 내렸다.

"안녕하세요."

최기인이 달려가 인사했다. 세찬이도 사장에게 다가가 고개를 숙였다.

"오호, 우리 단골손님이 다 오셨네. 필요한 거 찾으면 직접 꺼내지 말고 말해. 위험하니까."

"네!"

세찬이와 최기인이 동시에 대답하다가 서로 쳐다보곤 급하게 트럭에 실린 재활용 쓰레기를 훑어봤다.

"헬스 클럽에서 내놓은 운동 기구들이야."

사장이 트럭에서 운동 기구를 내릴 준비를 하며 웃었다. 세찬이가 수호와 함께 찾은 재활용 쓰레기들을 가리켰다.

"저거 살게요."

최기인도 골라 둔 재활용 쓰레기 옆에서 사장을 불렀다.

"저희도 이거 다 필요해요."

"저렇게 많이……? 그걸 다……?"

사장이 아이들 옆에 쌓인 재활용 쓰레기를 보고 물었다. 자전거, 킥보드, 네발자전거, 소파 스프링, 접시들과 컵, 와이파이 스피커, 탁상시계, 책꽂이, 전신 거울 등이 수북했다.

"네, 다 필요해요."

세찬이와 최기인이 동시에 고개를 끄덕였다. 그리고 동시에 서로를 힐끗 보고는 바로 고개를 돌렸다. 그 뒤에서 수호와 최기인 친구 두 명이 어색하게 웃었다.

"아, 이거 어쩌지?"

사장이 난처한 표정으로 뒷머리를 긁적였다.

"왜요?"

최기인이 냉큼 다가와 물었다.

"저울이 고장 났어. 무거운 운동 기구 재느라 무리했지 뭐."

"그럼, 오늘 못 사요?"

세찬이가 사장에게 물었다.

"아무래도 그럴 거 같은데? 무게를 잴 수가 없잖니. 미안한데, 내일 다시 올래?"

"안 돼요!"

세찬이와 최기인이 동시에 외쳤다.

"그냥 내일 다시 오자."

수호가 팔꿈치로 세찬이를 툭 쳤다.

"안 돼. 우리가 찾은 거 쟤가 또 가져가면 어떡해?"

세찬이가 수호에게 속삭이고 고개를 살짝 저었다.

그사이 최기인은 오른쪽 볼을 빵빵하게 부풀리고 눈을 가늘게 뜬 채 운동 기구들을 훑었다.

"저거면 무게 잴 수 있어요. 제가 저울 만들게요."

"저걸로 뭘 어쩌려고? 운동선수가 꿈이냐?"

세찬이가 코웃음을 쳤다. 하지만 최기인은 세찬이를 무시하고 운동 기구들이 쌓인 곳으로 다가갔다.

"이 역기 바벨들 2.5킬로그램부터 20킬로그램까지 있네요."
"아하!"

수호가 손가락을 튕기며 고개를 끄덕였다. 최기인이 가리킨 건 역기였다.

"맞아, 맞아! 역시 최기인!"

최기인 친구들이 박수를 쳤다. 어느새 사장과 직원 아저씨도 박수를 치고 있었다. 세찬이만 영문을 몰랐고, 그래서 기분이 아주 나빴다.

"역기로 양팔저울을 만들려는 거야."

수호가 세찬이에게 속삭였다. 그리고 잠시 뒤, 세찬이는 최기인 덕에 물건을 살 수 있었다.

"기인이 덕분에 무게를 잴 수 있었으니 값을 깎아 줘야지!"

사장이 최기인에게 엄지손가락을 들어 올렸다. 수호도 최기인에게 박수를 치다 움찔해서 슬그머니 팔짱을 꼈다. 세찬이 얼굴에서 뜨거운 기운이 뿜어져 나왔다.

수평 잡기의 원리를 이용한 양팔저울

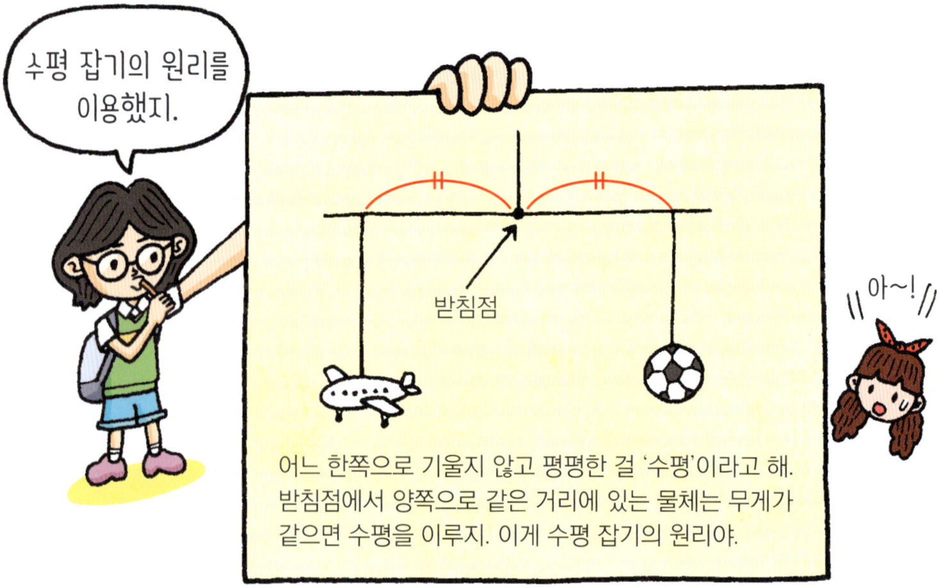

어느 한쪽으로 기울지 않고 평평한 걸 '수평'이라고 해. 받침점에서 양쪽으로 같은 거리에 있는 물체는 무게가 같으면 수평을 이루지. 이게 수평 잡기의 원리야.

 양팔저울, 윗접시저울, 대저울 등의 저울이 이 원리로 만들어진 거지.

 양팔저울

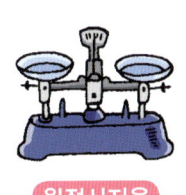 윗접시저울

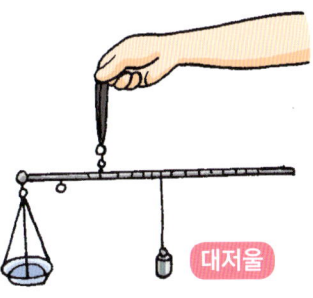 대저울

 이 중에 양팔저울로 무게 재는 방법을 알려 줄게.

수평 조절 장치
저울대가 수평을 이루도록 조절할 수 있는 부분이야.

받침점
양팔저울의 받침대와 저울대가 만나는 부분이야.

저울대
양쪽에 저울접시를 걸어.

저울접시
무게를 잴 물체를 올려.

저울접시
무게를 잴 수 있는 무게 추를 올려.

받침대
저울대를 받치고 있는 기둥이야.

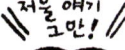

① 저울대의 정가운데에서 같은 거리에 저울접시 2개를 걸어.
② 저울대의 수평을 맞춘 뒤 한쪽 저울접시에 물체를 올려.
③ 다른 저울엔 무게 추를 올려. 저울대가 수평이 될 때까지 추를 올려야 해.
④ 저울대가 수평이 맞을 때, 저울에 올린 추의 무게를 더하면 물체의 무게를 알 수 있어.

⭐ **LEVEL UP** 무게를 표시하는 단위가 궁금하면, 154쪽 과학 레벨업 하기를 살펴봐!

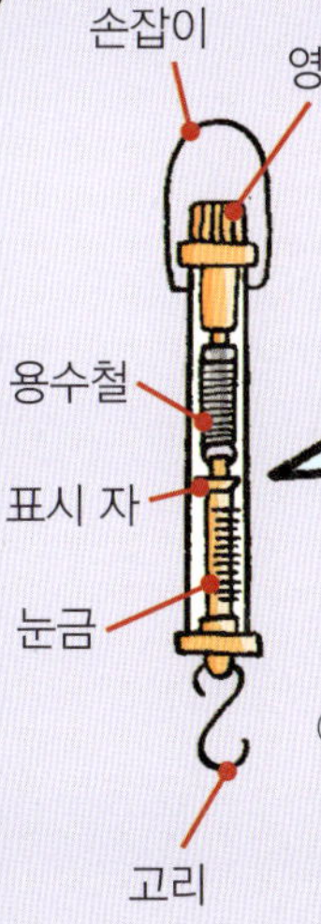

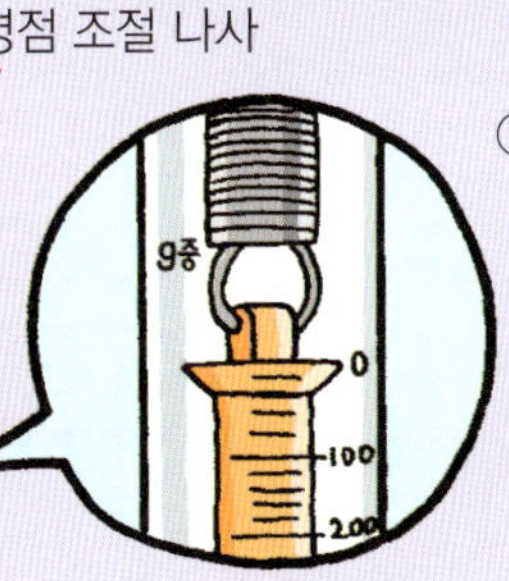

욕조에 오백 원짜리 동전을 빠뜨린 적이 있어. 근데 동전이 잘 안 잡히더라고.

빛의 굴절을 깜박했던 거야.

공기 중에서 곧바로 직진하는 빛은 물이나 유리처럼 투명한 물질을 지날 때, 경계면에서 방향이 꺾여. 이런 빛의 굴절로 어떤 현상이 생기는지 알아보자.

3장

나만의 자전거를 찾아라

빛과 렌즈

다음날, 세찬이와 수호가 재활용 쓰레기를 비고로 옮겼다.

"흐응~ 치사한 최기인. 분, 명, 히, 일, 부, 러 늦게 가져왔을 거야. 흥!"

세찬이가 콧김을 뿜었다. 미래 자원에 수레가 하나여서 최기인이 수레를 돌려줄 때까지 세찬이는 재활용 쓰레기를 옮길 수가 없었다.

"최기인이 또 왜……?"

안느가 물으며, 음료가 담긴 투명한 플라스틱 컵을 들었다. 안느가 빨대로 컵에 담긴 얼음을 톡톡 건드렸다.

빨리 왔네.

안녕~

휘릭~

텅

네가 늦게 온 거 아니고?

"최기인은 얘 평생의 라이벌이래."

수호가 세찬이 대신 말했다.

"진짜? 최기인이 네 라이벌이야? 걔가 너 괴롭혀?"

안느가 세찬이에게 물었다.

"흥!"

세찬이가 콧방귀를 뀌었다. 안느가 탁자 쪽으로 시선을 옮겼다.

"짐 옮길 필요 없어."

수호가 급하게 안느와 수호 사이에 끼어들었다.

"창문을 이걸로 바꾸면 돼. 마침 여기에 딱! 운명처럼 사이즈까지 정확히 맞는 게 있어. 하! 하! 하!"

수호가 어색하게 웃으며 벽에 기대 세워 둔, 뽁뽁이 비닐로 감싼 유리를 가리켰다. 수호랑 세찬이가 재활용 쓰레기를 실어 오다 아파트 상가 앞에서 발견한 거다.

"그렇지! 이건 운명이야!"

세찬이가 과장스럽게 어깨를 들썩이며 웃었다. 세찬이 역시 갑자기 버럭 한 게 마음에 걸린 참이었다. 사실 안느는 아무 잘못도 없다.

"이걸로 어떻게 하려고?"

안느가 호기심 어린 눈으로 비닐을 풀었다. 가운데가 볼록하게 튀어나온 유리 블록 여러 개가 모여 있는 유리였다.

"가운데가 볼록한 유리는 볼록 렌즈와 같아. 햇빛이 이 유리들을 통과할 때 빛의 방향이 꺾여서 햇빛이 잘 들지 않는 곳까지 빛이 잘 들게 해 줘."

안느가 수호에게서 세찬이로 눈길을 돌렸다.

"근데 뭐 만들지는 결정했어?"

"어, 폭풍 1호 만들 거야. 바람 3호보다 더 멋지게!"

세찬이가 주먹을 불끈 쥐어 보였다.

"진짜? 그건 좀……. 그래도 대회에 나가는 건데, 이미 만든 작품이랑 비슷한 걸 내는 건 좀 그렇지 않아?"

"나도 안느 말에 동의!"

수호가 오른손을 들었다. 그리고 세찬이 얼굴을 슬쩍 보고 말을 이었다.

"'이세찬' 하면 도전 정신, 창의성, 독창성이잖아."

"그…… 렇지."

세찬이가 중얼거렸다. 얼굴이 화끈거렸다. 최기인을 이기고 싶은 마음에 중요한 걸 잊었다. 시무룩해진 세찬이를 보며 안느가 수호에게 눈짓했다. 수호가 세찬이 옆에 앉았다.

"아니면, 바람 3호에 독특한 기능을 추가해서 업그레이드하는 건 어때?"

"좋다, 좋아! 완전 새로운 걸 만들 필요는 없지!"

안느가 수호 말을 급하게 이어받았다.

"응, 고맙다. 역시 너희는 찐친구야."

세찬이가 두 친구를 보고 빙그레 웃었다.

"그렇지! 자동으로 가는 자전거 어때?"

안느 콧구멍이 벌렁거렸다. 자기 아이디어에 꽤 만족한 듯 싶었다.

"자동으로 가는 자전거? 혹시 전기 자전거 말하는 거야?"

수호가 안느에게 물었다.

"맞아, 전기 자전거! 자전거 페달 밟으려면 다리 아프잖아."

"근데 전기 자전거도 페달을 밟는 건 마찬가지야. 페달이 돌아가야 센서가 감지를 해서 모터가 움직이거든."

수호가 설명했다.

"진짜? 전기 자전거도 페달을 밟아야 한다고? 흠, 매력이 뚝 떨어지네. 아냐, 그치만 전기 자전거는 빠를 거 아냐.

그래, KTX만큼 빠른 전기 자전거를 만드는 거야. 폭풍 1호
란 이름에도 딱이잖아, 그치?"

안느 콧구멍이 다시 벌렁거렸다.

"KTX······?"

"······ 만큼 빠른······?"

세찬이와 수호가 당황한 표정으로 서로 마주 봤다.

"You can do it!"

안느가 세찬이를 향해 양쪽 엄지를 척 치켜세웠다.

"그건 아무리 나라도 좀 어려울 거 같은데······."

세찬이가 안느의 눈길을 피하며 중얼거렸다.

"전기 자전거는 속력 제한이 있어서 아주 빠를 수는 없어. 시속 25킬로미터까지만 가능하거든."

수호가 안느와 세찬이를 차례로 보며 안경다리를 잡았다.

"뭐? 1시간 동안 25킬로미터까지밖에 못 달린다고?"

안느가 얼굴을 찡그리며 고개를 저었다.

"이번엔 KTX에 대해 설명해 줄게. 너희도 알다시피, 영어로 Korea Train eXpress의 약자인 KTX는 초고속 열차야. 무려 시속 300킬로미터로 달릴 수 있지. 근데 KTX보다 더 빠른 열차를 만들 수도 있어. 자기 부상 열차야."

수호는 자기가 관심 있는 얘기를 친구들에게 설명할 기회가 생겨서 신났다.

"바퀴 있는 열차가 선로를 달릴 때는 마찰력 때문에 속력이 느려지거든. 하지만 자기 부상 열차는……."

"알았어, 알았어, 그만해. 내가 잘못 말했어."

안느가 손으로 두 귀를 막고 고개를 저었다.

"진짜……? 거대한 태양광 패널로 감싼 관 속을 마찰력 없이 달리는 자기 부상 열차에 관심 없다고?"

안느는 다시 한번 단호하게 고개를 가로저었다. 수호는 믿을 수가 없었다. 이 재미있는 이야기에 관심이 없다니!

빛의 성질 ① - 직진과 굴절

 빛은 공기 중에서는 직진, 즉 곧게 나아가. 하지만 직진하다가 다른 물질을 만나면 경계면에서 굴절해. 꺾이는 거야.

처음엔 동전에서 반사된 빛이 우리 눈에 도달하지 않아서 동전이 안 보여. 그런데 물을 부으면, 빛의 일부가 굴절되어 우리 눈에 들어오기 때문에 동전이 보이게 되는 거지.

빛의 성질 ② - 반사

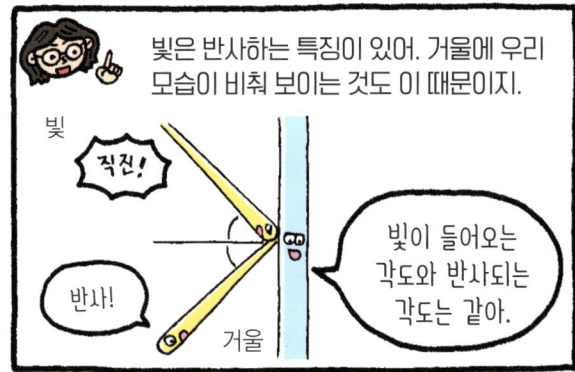

빛의 성질 ③ - 분산

햇빛은 우리 눈에는 안 보이지만 프리즘을 통과하면 여러 색으로 나누어져. 이를 빛의 분산이라고 해.

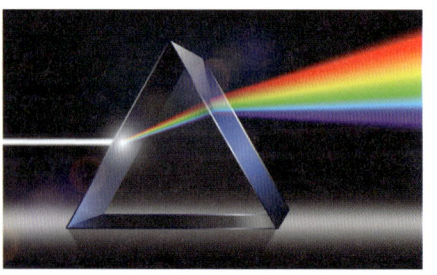

그럼, 혹시 하늘의 무지개도?

맞아. 공중의 물방울들이 프리즘 역할을 해서 빛이 분산된 거야.

볼록 렌즈와 오목 렌즈

너 콧구멍이 동굴이야.

뭐야! 내 코가 오목조목 얼마나 예쁜데!

볼록 렌즈나 오목 렌즈를 통과한 빛은 굴절하기 때문에 모습이 달라 보여.

	볼록 렌즈	오목 렌즈
모양	가운데 부분이 가장자리보다 두꺼워.	가운데 부분이 가장자리보다 얇아.
빛이 렌즈를 통과할 때의 모습	볼록 렌즈를 통과한 빛은 한 점으로 모여.	오목 렌즈를 통과한 빛은 넓게 퍼져.
렌즈로 가까이 있는 물체를 봤을 때	물체가 크게 똑바로 보여.	물체가 작게 똑바로 보여.
렌즈로 멀리 있는 물체를 봤을 때	물체가 작게 거꾸로 보여.	물체가 작게 똑바로 보여.

볼록 렌즈에 대해 더 궁금하면, **155쪽 과학 레벨업 하기**를 살펴봐!

"한 발 거리면 내가 더 빠르지롱~"

비행기는 차보다, 차는 자전거보다,
자전거는 나보다 더 빨라.
그런데 더 빠르다는 게 뭘까?
일정한 시간 동안 더 많이 이동하면 더 빠른 거야.
일정한 거리를 더 빨리 이동해도 더 빠른 거지.
이번 장에서는 운동과 빠르기에 대해 알아보자.

4장

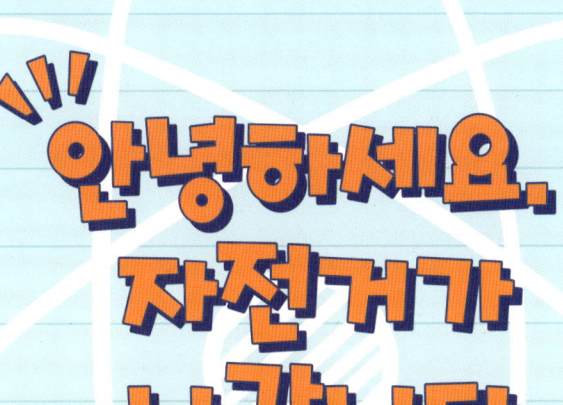

안녕하세요, 자전거가 나갑니다

물체의 운동

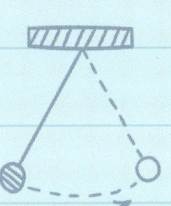

"애들아, 아이디어 내 줘서 고마워. 빠른 자전거도 괜찮은 아이디어 같아. KTX 같은 속도는 낼 수 없겠지만."

세찬이가 안느에게 미소 지었다. 자기 일처럼 열심히 아이디어를 내 주는 친구들이 고마웠다.

"속도가 아니라 '속력'이야."

세찬이 말을 수호가 고쳐 줬다.

속력은 물체가 얼마나 움직였는지가 중요하지만 속도는 물체의 위치가 얼마만큼 변했는지가 중요하기 때문에….

속력

나중 위치

속도

처음 위치

이제 그만!

그때였다. 브으으응 브으으응, 수호 휴대 전화에서 알람이 울렸다.

"나 가야 돼. 재난 장소에서 부상자 찾는 생체 로봇 회의가 있어. 넌 번개, 병원 데려간다며……?"

수호가 자리에서 일어나며 안느에게 물었다.

"맞다! 엄마한테 전화해야지. 차 갖고 이리로 오신댔거든."

안느가 휴대 전화를 꺼냈다.

"내일 학교에서 보자!"

수호는 집으로, 세찬이는 마을 뒷산으로 향했다.

뒷산으로 오르는 계단 맞은편에 큰 쓰레기를 몰래 버리는 사람들이 있다. 꽤 쓸 만한 재활용 쓰레기도 있어서 세찬이가 가끔 찾는 곳이다. 바람 3호의 몸체와 비고에 설치한 홈캠도 거기에서 주웠다.

"으잇차! 으잇차!"

평지에선 괜찮았는데 뒷산으로 이어진 비탈길을 오르느라 힘들었다. 얼굴이 붉어지고 땀이 주르륵 흐르고 허벅지도 딱딱해지고 아팠다.

"에이, 오늘은 별거 없네!"

깨진 화분, 누렇게 변한 매트리스, 도어락, 회전의자, 컴퓨터 책상 등을 보며 세찬이가 중얼거렸다. 세찬이는 자동차 백미러를 집어 들고 손바닥으로 대충 닦았다. 볼록한 백미러에 발만 하얀 검은 고양이가 뒷산 계단에서 내려와 비탈길을 뛰어가는 모습이 비쳤다. 잠깐 망설였지만, 세찬이는 백미러와 도어락을 가방에 넣었다.

 비탈길을 내려갈 땐 힘주지 않아도 저절로 쉬이잉 자전거가 내려갔다. 그때 비탈길과 이어진 옆 골목에서 털뭉치 할머니가 털뭉치를 앞세우고 나타났다.

털뭉치 할머니는 길고양이를 싫어한다. 길고양이만 보면 털뭉치를 앞세워서 쫓아냈다. 당연히 길고양이에게 먹을 것을 주고 보호하는 비고 회원들과 사이가 안 좋다.
　털뭉치를 보자, 뒷산에서 내려간 검은 고양이가 떠올랐다.
　'설마 번개는 아니었겠지?'
　그때 비탈길 경사가 급해지면서 자전거에 속도가 붙었다. 쒸이잉~ 세찬이의 바람 3호와 털뭉치 할머니 사이가 순식간에 좁혀졌다. 세찬이가 다급하게 브레이크 레버를 잡는 순간, 놀란 털뭉치가 비명을 지르며 펄쩍 뛰어올랐다.
　"어이쿠!"

할머니 몸이 확 앞으로 쏠리고, 털뭉치의 힘을 감당 못해서 리드줄을 놓치고 말았다. 털뭉치가 저만치 앞으로 달아났다. 할머니는 넘어지지 않으려고 두 손으로 길바닥을 짚었다.

끼~익! 세찬이가 급하게 브레이크 레버를 꽉 잡아 자전거를 세우고, 할머니에게 달려갔다.

"괜찮으세요? 죄송해요."

세찬이가 털뭉치 할머니 옆에 쭈그리고 앉았다.

할머니는 두 손을 길바닥에 짚은 채로 한숨을 푹 쉬었다. 그리고 깊게 숨을 들이마시고 세찬이를 쳐다봤다. 세찬이 얼굴이 뜨거워졌다.

털뭉치 할머니가 상체를 뒤로 기울여 길바닥에 주저

앉았다. '아휴' 할머니가 다시 숨을 내쉬었다. 그리고 손에 묻은 흙을 털고, 무릎을 문질렀다. 앞으로 몸이 쏠리면서 무릎이 땅에 쓸린 거다.

"진짜 죄송해요."

하지만 털뭉치 할머니는 세찬이를 무시하고 멀찍이 떨어져 서성거리는 털뭉치에게 손짓했다.

"이리 와! 할미 괜찮아."

털뭉치가 바람 3호를 경계하며 멈칫멈칫 할머니에게 다가왔다. 털뭉치 할머니가 바닥을 짚고 일어났다.

세찬이가 가방에서 물티슈를 꺼내 털뭉치 할머니에게 건넸다.

할머니가 물티슈를 받아 손바닥과 무릎을 닦았다. 치마 엉덩이에 묻은 흙먼지를 툭툭 털고 할머니가 세찬이에게 고개를 돌렸다.

털뭉치 할머니는 무릎을 절뚝거리며 오던 길을 되돌아갔다. 세찬이는 어쩔 줄 몰랐다.

'집에 가서 엄마한테 얘기해야 하나? 우리 할머니도 넘어져서 무릎 다치신 적 있는데……. 맞아, 작년 겨울에 안느가 앞서가던 아저씨와 부딪친 적도 있어. 인도로 걷던 아저씨가 갑자기 자전거 도로로 옮겨서 걸었기 때문이었지.'

그때 자전거에 놀란 아저씨는 휘청거리다 난간에 부딪쳤고 안느는 넘어지면서 화단 쪽 쇠 울타리에 팔을 부딪쳤다. 일주일 넘게 안느 팔에 시퍼런 멍 자국이 있었다.

'언제라도 자전거 사고는 날 수 있어. 자전거를 탄 사람도

안 탄 사람도 다칠 수 있지. 개랑 고양이가 다칠 수도 있고.'

세찬이는 바람 3호를 끌고 내리막길을 내려왔다. 큰길까지 내려와 다시 자전거를 타려는 순간, 제자리에 우뚝 섰다.

'안전한 자전거가 필요해. 앞에 가는 사람도 피할 수 있는 안전 자전거!'

세찬이는 그 자리에 털썩 주저앉아 가방에서 연필과 공책을 꺼냈다.

"자전거도 경적은 있어. 하지만 자전거 경적은 사람이 직접 울려야 해. 그런데 만약, 운전하는 사람이 앞에 있는 사람을 못 보면 어쩌지?"

세찬이는 연필 끝을 입에 물고 곰곰이 생각에 잠겼다.

"세찬아! 세찬아! 아줌마야~."

어디선가 세찬이를 부르는 소리가 들렸다. 안느 엄마가 초록색 차 창밖으로 고개를 내밀고 손을 흔들고 있었다.

"안녕하세요. 안느는 비고에 있는데요."

"응, 갑자기 일이 생겨서 잠깐 다른 데 가는 중이야. 이따가 안느 데리러 비고에 갈 거야."

그때 빠~앙! 빵! 빵! 뒤에 선 덤프트럭이 신경질적으로 경적을 울렸다.

"으아악!"

안느 엄마와 세찬이가 놀라 동시에 뒤의 트럭을 쳐다봤다. 세찬이는 두 손으로 가슴을 쓸어내렸다.

"가야겠다. 담에 봐, 안녕!"

안느 엄마가 세찬이에게 한 손을 흔들고, 서둘러 차를 출발시켰다.

"경적은 사람을 너무 놀라게 해. 흠~ 그럼, 친절하고 인간적인 경적은 어떨까? 상냥한 목소리로 '안녕하세요. 자전거가 나갑니다.'라고 친절하게 알려 주는 거야. 괜찮은데……?'

세찬이는 서둘러 바람 3호를 타고 비고로 되돌아갔다.

물체의 운동

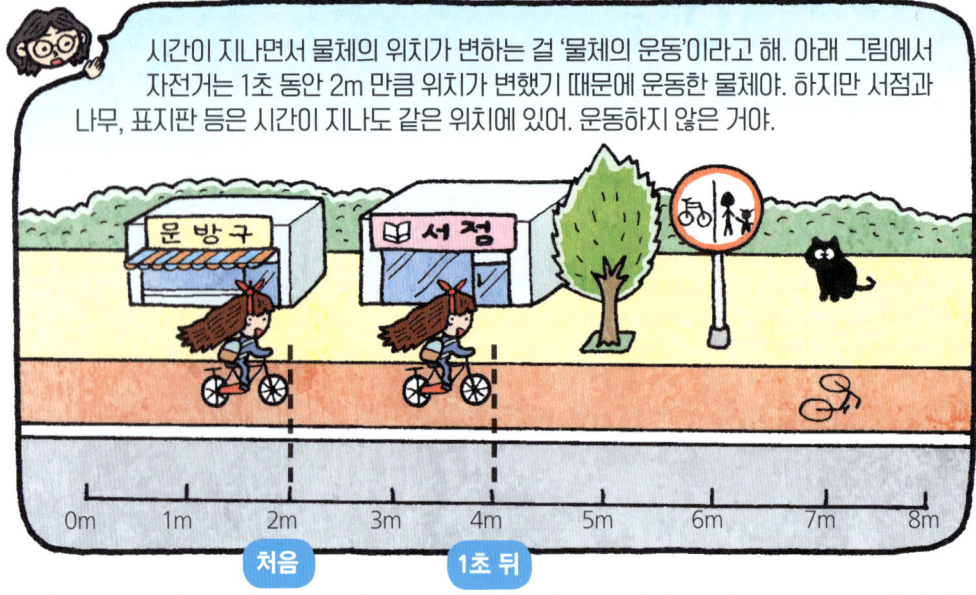

시간이 지나면서 물체의 위치가 변하는 걸 '물체의 운동'이라고 해. 아래 그림에서 자전거는 1초 동안 2m 만큼 위치가 변했기 때문에 운동한 물체야. 하지만 서점과 나무, 표지판 등은 시간이 지나도 같은 위치에 있어. 운동하지 않은 거야.

물체의 운동은 빠르기가 변하는 운동을 하느냐, 일정한 운동을 하느냐로도 나눌 수 있어.

롤러코스터는 처음 오르막길에서는 천천히 달리다가 뚝 떨어지는 내리막길에서는 엄청 빠르게 달리지. 빠르기가 계속 변해.

반면 에스컬레이터는 처음부터 끝까지 빠르기가 일정해.

물체의 속력 구하기

물체의 빠르기는 속력이라고 하는데, 속력은 이동 거리를 걸린 시간으로 나누어 구할 수 있어.

만약 2시간 동안 160km를 이동한 자동차가 있다면 속력은 다음과 같아.

(속력) = (이동 거리) ÷ (걸린 시간)
= 160km ÷ 2h
= 80km/h

위 속력은 팔십 킬로미터 퍼 아워 또는 시속 팔십 킬로미터라고 읽어.

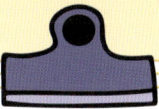

얘들아! 내 목소리가 들려?
오호, 잘 들린다고?
그건 내 성대의 떨림이 공기를 통해서
네 귀에 잘 전달됐다는 의미야.
소리는 물체의 떨림(진동)이거든.
이번 장에선 소리의 성질을 소개할게.

"아얏!"

안느가 비명을 지르며 오른손 검지를 다른 손으로 감쌌다. 검지를 살펴보니, 대각선 모양으로 피가 맺혀 있었다.

안느는 수납장에서 구급상자를 꺼내 와 탁자 옆 의자에 앉았다. 윽! 상처에 소독약을 떨어뜨리자 쓰라렸다. 안느는 상처에 입김을 후후 불어 소독약을 말린 뒤, 연고를 발랐다.

"벌써 왔어? 어, 다쳤어?"

수호가 젖은 우산을 비고 문 옆에 세우고 안느에게 다가왔다. 세찬이가 리사이클링 대회에 나가겠다고 선언한 지도 벌써 2주가 지났다.

"야, 맨손으로 칼 잡으면 안 된다고 내가 몇 번을 말했냐!"

세찬이가 양손에 공구 가방과 우산을 나눠 들고 비고에 들어섰다. 세찬이는 공구 가방에서 면장갑을 꺼내 안느에게 건넸다.

손바닥 쪽에 고무액을 칠해 물이 안 들어오게 한 장갑이다.

"됐어, 필요 없어."

안느가 장갑을 보고 잠깐 망설이다 쌀쌀맞게 말했다. 화난 티를 내느라 장갑은 거절했지만, 안느는 슬그머니 칼을 내려놓고 가위를 잡았다. 그리고 코팅된 종이를 잘랐다.

세찬이가 안느에게 다가가 종이의 글을 읽었다. '♥번개의 집♥'이라고 적혀 있었다.

"아, 번개 퇴원했어? 근데 번개 집은 누가 만들었어?"

"내 용돈이랑 저축한 돈 몽땅 모아서 샀어!"

안느가 빽 소리를 질렀다. 세찬이가 깜짝 놀라 수호 뒤로

후다닥 피했다. 안느가 코팅한 종이를 마구 흔들었다.

"번개는 나흘 전에 퇴원했고, 우리가 만든 것보다 훨씬 좋은 집에서 잘 살아. 나 갈 거야!"

안느가 '♥번개의 집♥'을 겨드랑이에 끼우고 새침한 표정으로 비고를 나갔다.

"안느, 왜 화난 거지?"

세찬이의 말에 수호가 잘 모르겠다는듯 고개를 저었다.

안느가 간 뒤, 여기저기 널려 있는 잘려진 코팅 조각들을 한쪽으로 치우며, 수호가 물었다.

"참! 근데 너 아이디어 정했어?"

"응. 친절한 안전 자전거 만들 거야. 어떤 거냐면, 사람이랑 자전거가 가까워지면 자동으로 자전거에서 '안녕하세요. 자전거가 나갑니다.'라고 알려 주는 거야."

"자동차 전후방 감지 센서 같은 거네. 감지 센서에서 초음파를 쏴서 물체에 부딪혀 되돌아오면 소리로 알려 주는 센서! 근데 그건 어떻게 구했어?"

수호가 물었다.

"작은 이모부 친구의 형의 선배가 폐차장하거든. 그 아저씨가 줬어. 아, 근데 내가 경고 멘트를 하니까 좀 웃긴 거 같아. 잘 들어 봐."

세찬이가 큼큼 목청을 가다듬었다.

"안녕하세요. 자전거가 나갑니다."

품, 세찬이의 점잖은 말투에 수호가 웃음을 터뜨렸다.

"그렇게 웃겨?"

세찬이 얼굴이 붉어졌다.

"이건 바로 해결 가능! 목소리 바꾸는 어플이랑 프로그램도 있고, 사이트도 있어. 찾아볼까?"

수호가 노트북을 켜자, 세찬이가 눈썹을 실룩거리며 수호 옆 의자에 앉았다.

수호는 목소리를 바꾸는 어플을 켰다. 노트북 자판으로 '안녕하세요. 자전거가 나갑니다.'를 쓴 다음, 여러 목소리로 글을 읽게 했다. 로봇 목소리, 헬륨 가스를 마신 목소리, 깊은 동

굴 속에서 울리는 듯한 소리, 어른 남자 목소리, 아기 목소리, 할머니 목소리, 엘리베이터 안내 목소리가 차례로 나왔다. 다양한 목소리가 '안녕하세요. 자전거가 나갑니다.'를 말했다.

"뭐야, 이건! 이 소리 진짜 웃기다."

목소리를 바꿀 때마다 세찬이와 수호가 웃음을 터뜨렸다. 그때 세찬이 휴대 전화가 울렸다.

"번개야~ 미야옹, 미야옹!"

안느는 번개 집이 있는 호수 아파트 202동 화단부터 구석구석을 훑으며 번개를 찾아다녔다. 하지만 유달리 긴 번개의 꼬리 끝도 보이지 않았다.

안느는 아파트 단지를 나와 호수 초등학교로 이어지는 길을 걸었다. 비가 우산을 때리고 빗방울이 튀었다. 무릎 아래는 이미 다 젖었다. 흐린 하늘이 더 어두워지자, 추웠다.

혹시 마을의 무법자 삼색이 패밀리가 번개를 괴롭혔나? 털뭉치가 번개를 몰아냈을까? 이렇게 비가 오는데 왜 튼튼한 집을 떠난 걸까? 안느는 이런저런 생각이 들었다. 세찬이와 수호도 원망스러웠다. 비고 회원이면서 번개한테 관심도 없어.

안느는 갑자기 눈시울이 뜨거워졌다. 하지만 눈에 힘을 꽉 줬다. 지금은 번개를 찾는 게 제일 중요하다.

"어, 쟤들……!"

안느가 우뚝 섰다. 뒷산으로 이어진 비탈길에서 세찬이와 수호가 주차된 차 아래를 살피며 내려오고 있었다.

"야! 거기서 뭐 해?"

안느가 친구들을 불렀다. 반가운 티는 내고 싶지 않았지만 목소리가 높아지고 콧구멍이 벌렁거렸다.

세찬이와 수호가 마주 보더니 안느 쪽으로 달려왔다.

"그쪽은 아니야. 학교에서 뒷산 입구까지 다 찾아봤어."

안느가 말했다.

"그럼, 어디 갔지? 설마 공원엔 안 갔겠지?"

수호가 한숨을 쉬었다.

"삼색이 때문에 공원엔 못 갈걸. 혹시 집에 있는 거 아냐? 돌아다니다가 집에 갔을지도 모르잖아."

세찬이가 말했다. 세 아이는 서로 마주 보다, 누가 먼저랄 것 없이 호수 아파트 202동을 향해 뛰었다.

"번개야!"

안느가 202동 화단에 있는 벚나무를 향해 달려갔다. 벚나무 가지 안쪽에 번개가 웅크리고 앉아 있었다.

"왜 여기 있어? 집이 맘에 안 들어?"

안느가 우산을 바닥에 놓고 번개에게 손을 뻗었다.

"너 뭐 해?"

세찬이가 수호를 돌아봤다. 수호는 납작 엎드린 채 번개 집 안에 머리를 집어넣고 있었다. 잠깐 그렇게 있더니, 이번엔 손을 뻗어 번개 집 지붕을 통통 두드렸다.

"아, 뭔데……? 나도 할래."

세찬이도 우산을 내려놓고 번개 집 안에 머리를 집어넣었다. 아윽! 세찬이가 얼굴을 찡그리고 얼굴을 뺐다.

"엄청 시끄럽지?"

수호가 웃으며 세찬이에게 물었다.

"어!"

세찬이가 손가락으로 귀를 막은 채 머리를 흔들었다.

"왜 그러는데?"

안느가 물었다. 비를 맞는 건 상관없는 듯, 두 손으로 번개를 안고 있었다. 역시 안느는 길고양이의 나이팅게일이다.

세찬이가 얼른 자기 우산을 들어 안느부터 받쳐 줬다.

"소리가 울려. 비가 지붕에 떨어지니까 집 안이 엄청 시끄러워."

수호가 설명했다.

"진짜……? 그거 제일 비싼 거야, 통나무로 만든 건데. 아니야, 번개가 싫어하면 소용없어."

안느가 번개 머리에 턱을 비볐다.

"번개는 한쪽 눈만 보이니까 소리에 더 민감할 거야. 근데 소리의 성질만 알면 쉽게 고칠 수 있어. 이건 내가 도와줄게."

수호가 손끝으로 번개 머리를 살살 긁어 줬다.

"저기 있잖아……, 미안해. 너희가 바쁘니까 내가 번개 돌본다고 했지만, 그래도 좀 서운했어. 그래서 예민해졌나 봐."

안느가 세찬이, 수호에게 말했다.

"화날 만도 해. 우리도 비고 회원인데 너한테만 번개를 맡겼잖아."

"맞아. 미안하다, 유안느. 앞으론 우리도 번개 잘 돌볼게."

세찬이, 수호가 안느에게 말했다. 세 친구는 서로를 보며 환하게 웃었다.

소리가 생기는 이유

빗소리가 그렇게 크게 들릴 줄이야.

소리는 물체가 진동, 즉 떨리기 때문에 나.

얘들아, 여기 봐 봐. 소리굽쇠를 고무망치로 이렇게 친 다음

소리가 나고 있을 때 물에 담그면….

물이 흔들려!

이렇게 물체가 진동하면서 소리가 나는 거야.

 소리는 공기뿐만 아니라 나무나 철, 실 같은 물체나 물을 통해서도 전달돼.

소리의 성질 ① - 소리의 세기

 소리의 크고 작은 정도를 소리의 세기라고 해. 물체가 얼마나 크게 떨리냐에 따라 소리의 세기가 달라져. 진동이 작으면 소리의 세기가 약하고, 진동이 크면 소리의 세기가 커져.

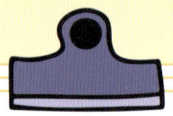

소리의 성질 ② - 소리의 높낮이

그림자는 빛의 직진 때문에 생겨.
빛이 나아가다 물체에 막혀서 더 나아가지 못하면
그림자가 생기거든.
우리가 거울을 볼 수 있는 이유는 빛의 반사 덕분이지.
이처럼 빛의 성질은 다양한 현상을 만들어.
이번 장에선 빛이 만드는 여러 현상에 대해 알아보자.

6장

아슬아슬 초보 운전은 무서워

거울과 그림자

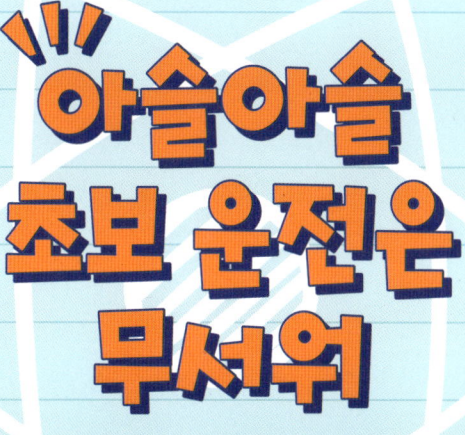

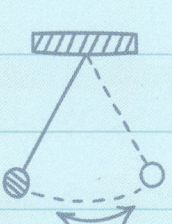

"어? 이세찬, 어디 가?"

최기인이 이세찬에게 한 손을 들었다. 미래 자원에서 본 친구와 함께였다.

"작업실 가. 저쪽에 작업실이 있거든."

세찬이가 바람 3호에서 내렸다. 안느와 안느 엄마를 만나러 비고에 가는 길이다.

"어머! 작업실도 있어? 진짜 좋겠다!"

최기인 친구가 부러워했다.

"친구들이랑 같이 쓰는 작업실이야."

세찬이는 기분이 살짝 좋았다.

"혹시 저쪽 공터에 있는 폐건물? 흐음, 그래?"

최기인이 작업실이 있다고 가리킨 방향을 눈여겨봤다.

세찬이가 바람 3호를 최기인 앞으로 휙 내밀었다. 속에서 부글부글 화가 들끓었다.

'저 기린이 아직도 날 유치원 꼬맹이로 보네.'

최기인이 한 걸음 뒤로 물러섰다. 그러면서도 바람 3호에서 눈을 떼지 않았다.

"푸하하하하! 나의 경쟁자들아, 난 너희 자전거 따위엔 관심이 1도 없어요. 간다. 푸훗!"

세찬이는 과장스럽게 웃으며 바람 3호에 올라탔다. 등 뒤에서 최기인의 따가운 시선이 느껴졌다. 통쾌했다!

세찬이가 비고에서 20분쯤 기다렸을까, 초록 자동차가 공터로 들어섰다. 차가 방지 턱을 넘어서며 덜컹 소리가 났다.

"미안. 번개 연고 발라 주고 오느라 늦었어. 걔가 주차된 차 밑으로 도망가서 한참 찾았어."

안느가 보조석 창문으로 고개를 내밀었다.

"번개는 왜 너희 엄마를 무서워하냐? 안녕하세요!"

세찬이가 자동차 유리창 밖으로 손을 흔드는 안느 엄마에게 고개를 꾸벅 숙였다.

"그래, 늦어서 미안해. 세찬이는 뒤에 타."

안느 엄마가 손짓했다. 안느 엄마가 동물 병원 근처에서 버려진 자전거를 봤다며 자전거 싣고 오는 걸 도와주겠다고 해서 함께 가기로 한 참이었다. 하지만 그 길이 아주 소름 끼칠 거라는 건 그땐 몰랐다.

빵! 빠~ 앙! 안느 엄마 뒤에서 옆에서 차들이 끊임없이 경적을 울려 댔다. 뒤에 있는 차는 빨리 달리라며 경적을 울리고, 안느 엄마의 차가 급정거를 해서 항의하는 차도 있었다.

"으악, 엄마! 앞, 앞에……!"

안느가 계속 비명을 질렀다.

세찬이는 얼굴이 하얗게 질려서 두 손으로 안전 손잡이를 꽉 잡았다.

"죄송합니다, 죄송해요. 먼저 가세요."

안느 엄마는 차창 밖으로 고개를 내밀고 지나가는 차에게 연신 죄송하다 말하며 고개 숙였다.

"엄마, 운전하다 고개 숙이면 어떡해요!"

"아차, 그렇지! 너희, 괜찮니?"

안느 엄마가 에어컨을 더 세게 켜며 뒷좌석에 앉은 아이들을 돌아봤다.

"엄마 뒤돌아보지 말고 백미러로 보면 되잖아. 앗, 스톱! 차, 앞에 차……!"

안느가 운전대 위에 달린 백미러를 가리키다가 꺄악, 비명을 질렀다.

헉, 소리와 함께 안느 엄마가 급하게 브레이크를 밟았다. 으, 안느와 세찬이 머리가 앞으로 쏠렸다.

"아휴, 동네를 벗어나니까 운전하기가 힘드네."

안느 엄마가 바지에 손바닥을 문질러 땀을 닦았다. 그러다 앞차가 출발하는 걸 보곤 급하게 차를 출발시켰다.

윽! 이번엔 안느와 세찬이 몸이 뒤로 밀렸다. 안느가 뒤에 탄 세찬이를 돌아보며 속삭였다.

"이 차 탄 거 후회되지?"

세찬이가 안느 엄마 눈치를 보며 고개를 끄덕였다.

"엄마, 우리 저 앞 사거리에서 오른쪽 길로 가야 해요."
안느가 앞쪽 길을 가리켰다.
"어쩜, 두 번이나 왔던 길인데 첨 온 길 같니? 호호호."
안느 엄마가 차 밖으로 고개를 내밀고 앞차, 뒤차를 보며 눈을 깜박였다. 안느 엄마의 차는 도로 제일 왼쪽에서 달리고 있었다.
"저 차 앞으로 들어갈까?"
안느 엄마가 옆 차선에서 달리는 뒤차를 보려고 몸을 돌렸다.

안느는 기도하는 마음으로, 거울에 적힌 '사물이 거울에 보이는 것보다 가까이 있음'이라 적힌 글을 중얼중얼 계속 읽었다. 차라리 엄마를 보지 않으니 맘이 편해졌다.

드디어 초록 차가 동물 병원 앞에 멈췄다. 세찬이가 뛰어내렸다. 우욱! 세찬이는 헛구역질이 올라왔다. 어깨 옆으로 안느가 마트 봉투를 건넸다. 세찬이는 봉투를 밀치고 길가에 주저앉았다. 눈에 고인 눈물을 손등으로 닦았다.

"이거 마셔."

안느가 봉투에서 포도 주스를 꺼내 세찬이에게 건넸다.

"혹시 번개가 너희 엄마 무서워하는 이유가…… 이거야?"

"그럴걸. 번개 입원할 때랑 퇴원할 때 엄마가 운전했거든."

안느가 어색하게 웃으며 어깨를 으쓱했다.

"얘들아, 이거 봐! 자전거 아직 있어."

어느새 안느 엄마가 버려진 자전거를 세우고 손을 흔들었다. 산악자전거인데 앞바퀴는 없고, 끊어진 체인이 덜렁거렸다.

"아무리 재활용 쓰레기라도 저건 좀 심한데?"

안느가 자전거와 세찬이를 번갈아 보며 중얼거렸다.

우욱, 세찬이가 안느 손에서 봉투를 낚아채 봉투 속으로 고개를 숙였다. 우욱!

"내가 다른 자전거 꼭 찾아 줄게. 그리고 조금만 기다려. 울 아빠가 운전해 주러 온대. 음, 미안해."

안느가 세찬이 등을 통통통 두드렸다.

평면 거울과 볼록 거울, 오목 거울

 근데 자동차의 사이드 미러는 가운데 부분이 볼록한 볼록 거울이야. 그리고 반대로 가운데가 얇은 오목 거울도 있는데, 이런 거울들은 보이는 게 실제와 달라.

볼록 거울	오목 거울
가운데가 볼록해. 물체가 실제보다 작게 보여서 더 멀리 있는 느낌이 들어.	가운데가 오목해. 물체가 실제보다 크게 보여서 가까이 있는 것처럼 느껴져.
예) 도로 안전 거울	예) 치과용 거울

빛과 그림자

그림자는 물체가 빛을 가려서 생기는 거잖아.

 맞아. 빛이 나아가다 막히는 거지.

직진하던 빛이 투명한 물체를 만났을 때

 빛의 대부분이 물체를 통과하기 때문에, 투명한 물체 뒤에 연한 그림자가 생겨.

직진하던 빛이 불투명한 물체를 만났을 때

 엄청 진한 그림자가 생겼어.

 빛이 물체를 통과하지 못하기 때문이야.

 빛은 직진하기 때문에 물체를 어느 방향으로 놓느냐에 따라서 그림자 모양이 달라져.

ㄱ자 모양 블록을 옆으로 놓고 빛을 비추면 벽에 ㄱ자 모양의 그림자가 생겨.

하지만 ㄱ자 모양 블록을 돌려놓고 빛을 비추면 벽에는 Ⅰ모양의 그림자가 생겨.

만약 전기가 없어진다면 어떻게 될까?

컴퓨터, 휴대 전화, 텔레비전 등을 사용할 수 없겠지?

전등을 켤 수도 없으니 촛불이나 호롱불로

집 안을 밝혀야 될 거야.

아휴, 생각만 해도 너무 불편하겠다.

이번엔 생활에 꼭 필요한 전기에 대해 알아보자.

7장

범인은 누구?
전류와 전기 회로

 "왜, 무슨 일이야?"

수호가 비고 안으로 뛰어들어 왔다.

주말이라 K-로봇 연구소에서 일하다가, 세찬이의 '비상! 비상! 비고로!'란 메시지를 받고 급하게 왔다.

"분명히 봤어."

세찬이가 수납장을 살피다 수호에게 허둥지둥 다가왔다. 당황해서 어쩔 줄 몰라 하는 표정이 얼굴에 그대로 드러났다.

"뭘……? 야, 너 괜찮아?"

수호가 의자에 가방을 걸며 세찬이를 힐끗 봤다. 세찬이는 수호 옆 의자에 앉았다가 다시 벌떡 일어나 수납장 쪽으로 향했다.

수납장은 비고를 만들기 전부터 이곳에 있었다. 각 단마다 고양이 사료와 간식, 안느의 구급상자, 세찬이 공구 등이 잘 정리되어 있었다.

"비상 호출, 뭐야?"

세찬이가 나가고 얼마 뒤 안느가 비고에 들어섰다.

"여기에 도둑 들었대."

"설마! 내가 어젯밤에 자물쇠 확실하게 잠갔어. 번개한테 말린 열빙어 주려고 왔었거든. 근데 이세찬은 왜 없어?"

안느가 그제야 세찬이를 찾았다.

"그럼, 도둑이 자물쇠를 따고 들어왔나 봐. 방금 세찬이가 자물쇠 바꾼다고 나갔어."

수호 말을 듣고 안느가 자물쇠를 확인했다.

"멀쩡한데?"

안느는 수호가 다가오자, 자물쇠 구멍을 보여 줬다.

"어? 그러네. 그럼, 도둑이 열쇠 어항에서 열쇠를 찾아서 자물쇠를 연 걸까?"

수호는 자기 말에 확신이 없는지 고개를 갸우뚱했다.

"도둑이 자석을 들고 다닌다고?"

안느가 눈살을 살짝 찌푸렸다.

"그건 그래. 그래도 세찬이 안전 자전거가 없어졌잖아."

"에? 자전거……? 저기 있잖아!"

안느가 어처구니없다는 듯이 얼굴을 찡그리며 창가를 가리켰다. 탁자와 창가 벽 사이로 자전거 바퀴가 보였다.

"여기 너무 지저분해서 내가 좀 치웠거든. 어머나, 어쩌지?"

안느가 한숨을 쉬었다. 마침 세찬이가 비고로 돌아왔다.

"자전거 도둑맞았다고 엄마한테 전화했어. 엄마가 경찰서에 전화한대. 홈캠에 범인이 찍혔다니까 금방 찾을 수 있을 거래. 진작 비고 자물쇠를 이걸로 바꿔야 했다니까."

세찬이는 안느, 수호를 보자마자 말을 쏟아 냈다. 그리고 뒷산 입구에서 주운 도어락을 흔들었다. 그러다 문득 세찬이가 안느를 쳐다봤다. 평소 같으면 벌써 말을 잘랐을 텐데, 오늘은 웬일로 잠잠히 듣고만 있다. 그 옆에서 수호는 어색하게 웃고.

"왜……?"

세찬이가 친구들에게 물었다.

"있잖아, 네 자전거 말이야, 그거 여기 있어."

안느가 어색하게 웃으며 자전거를 덮은 수건을 걷었다.

"어?!"

세찬이가 잠깐 멍하게 섰다가 안전 자전거를 보러 허둥지둥 다가갔다.

"자전거는 있지만 전구는 없잖아. 분명히 내가 저기 세 번째 단에 뒀어. 최기인이 가져간 게 분명해."

세찬이가 수납장을 가리켰다.

"어, 그거는······."

안느가 조심스럽게 말을 꺼냈다.

"내가 번개 집 꾸미려고 가져갔어. 나 진짜, 네가 전구 필요한 줄 몰랐어. 미안해."

안느가 가방에서 조심스럽게 전구와 전선, 전지 등의 전기 부품을 꺼냈다.

"그래도 도둑이 든 건 확실해. 홈캠에 그림자가 두 개 찍혔다니까. 너보다 키도 커. 그리고 이 근처에서 최기인이랑 걔 친구를 자주 봤다니까!"

세찬이 목소리가 점점 커졌다.

"그건, '빛과 그림자' 때문이야. 저 전등 두 개가 다른 방향에서 안느를 비춰서 그림자가 두 개 생긴 거 같아."

수호가 천장의 전등을 가리켰다. 천장엔 비추는 방향을 바꿀 수 있는 전등이 달려 있었다.

"그림자 길이와 개수도 빛이 결정하거든."

수호가 세찬이 눈치를 보며 말을 덧붙였다.

세찬이가 전구를 뚫어지게 노려봤다. 그러다 안느, 수호에게 다가갔다. 둘이 재빨리 옆으로 비켜났다.

세찬이는 안전 자전거를 탁자 앞으로 끌고 왔다.

"멀쩡하네. 아휴, 이세찬, 너 최기인 때문에 좀, 미쳤구나! 아, 엄마한테 톡 보내야겠다, 신고 취소하라고."

세찬이가 멋쩍은지 혼잣말을 하고는 의자에 털썩 앉았다.

"번개 집은 다 꾸몄어? 근데 전구가 반짝거리면 다른 고양이 눈에 너무 띄는 거 아냐?"

수호가 눈짓으로 세찬이를 가리키며 안느에게 물었다.

"아! 근데 괜찮아. 전구가 고장 나서 불이 안 들어오더라고."

안느가 어색하게 웃으며 급하게 대답했다.

"전구 안의 필라멘트는 멀쩡한데……. 이상하네?"

수호가 세찬이 들리게 부러 큰 소리로 말했다.

"내가 망가졌는지 봐 줄게. 그전에 이것부터 설치하고."

세찬이가 도어락을 들고 친구들을 쳐다봤다. 안느와 수호가 선선히 고개를 끄덕였다.

"비밀번호는 뭘로 해? 5959……?"

세찬이가 문손잡이를 떼고 그 자리에 도어락을 맞춰 끼우며 물었다. 안느가 고양이들을 대할 때마다, '오구오구 내 새끼' 이러니 저절로 '5959'가 떠올랐다.

"5959……. 괜찮다, 괜찮아!"

안느가 박수를 쳤다. 수호도 '오구오구'를 중얼거리며 세찬이가 고정시키는 동안 도어락을 받쳐 줬다.

전류와 전자

근데 전류가 정확히 뭐야?

컴퓨터나 TV를 보면 전선으로 연결되어 있지? 이 전선에는 전기가 흘러. 이렇게 흐르는 전기를 전류라고 해.

코드를 확 뽑아!

전자 제품의 전선에는 전류가 흘러.

물질은 원자라는 아주 작은 알갱이와 그 주위에 있는 전자로 이루어져 있어. 전류는 사실 이 전자의 흐름이야.

전자   원자

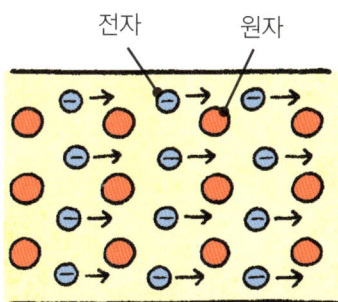

전자가 자유롭게 움직이는 물체는 전류가 잘 흐르고

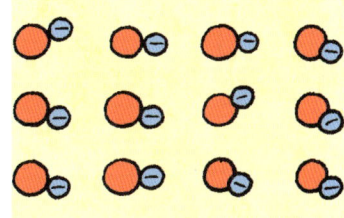

전자가 움직이지 못하는 물체는 전류가 흐르지 않지.

전자의 흐름이 곧 전류! 이해했어.

자석은 다른 극끼리는 끌어당기고
같은 극끼리는 밀어내는 '자기력'을 가지고 있지.
그런데 전기도 이와 비슷한 성질이 있어.
전기로 자석(전자석)을 만들 수도 있지.
이번 장에선 전기와 자기, 자석과 전자석의
성질을 비교해 볼 거야.

8장

리사이클링 대회에 가다

전기의 이용과 전자석

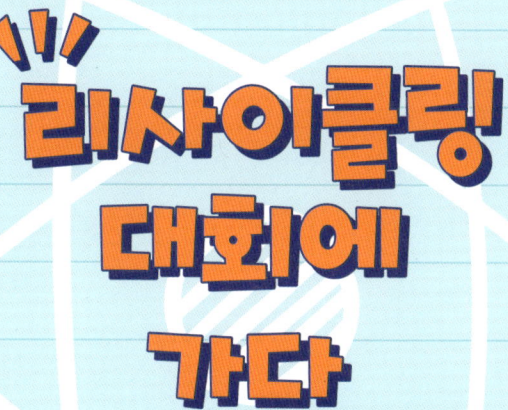

"으앗! 조심조심!"

세찬이는 물길을 피해 안전 자전거를 몰았다.

세 아이는 리사이클링 대회 예선전이 열리는 한울 과학 초등학교로 향했다. 가는 길은 수도관 교체 공사를 하느라 흙탕물이 흘렀다.

"저건 전자석 기중기야. 전류가 흐를 때만 자석으로 변해서 저렇게 무거운 걸 옮길 수 있어."

진흙탕 감지기도 달걸 그랬나?

수호가 맨홀 뚜껑을 들어 올리는 전자석 기중기를 가리켰다. 그러다 친구들이 자기 말을 듣지 않고 앞서 가는 걸 보고 급하게 뒤따랐다.

리사이클링 대회 예선이 열리는 한울 과학 초등학교 체육관 앞에 '제3회 초등 리사이클링 대회' 플래카드가 걸려 있었다.

"쟤가 최기인이야, 세찬이 인생의 라이벌."

수호가 안느에게 속삭이며 최기인을 턱짓으로 가리켰다.

"진짜 키 크다. 기린이라고 놀림 좀 받겠네."

안느가 눈을 가늘게 뜨고 최기인을 훑어봤다. 최기인과 친구들은 탁자에 먹을 걸 진열하고 있었다. 유리 접시엔 다양한 색의 젤리, 작은 대나무 바구니에는 과자를 담았다. 잼을 담은 작은 유리병도 보였다.

"자전거를 재활용한다더니……? 저거 과자랑 젤리지?"

친구의 라이벌은 내 라이벌이지!

수호가 최기인 팀의 테이블을 가리키며 물었다.

"내 작품에 집중해 주라. 오늘 무조건 3등 안에 들어야 해. 쭉쭉 올라가서 본선 8등에 들면, 방송국에 가서 결선하는 거야."

세찬이가 가방에서 물수건을 꺼내 안전 자전거에 묻은 흙탕물과 먼지를 닦기 시작했다.

"어떡해, 이쪽으로 와!"

안느가 고개를 숙인 채 세찬이와 수호에게 소곤거렸다.

 꽤 괜찮은 아이디어에 안느가 입술을 모아 좌우로 씰룩이며 최기인을 째려봤다.

 "이 자전거, 내가 호수 공원 관리 소장님한테 말해서 받은 거야. 올 봄부터 계속 자전거 보관대에 있는 걸 눈여겨 봤거든. 세찬아, 빨리 네 자전거가 얼마나 대단한지 설명해!" 안느가 세찬이를 다그쳤다.

 "어? 어! 저기 이 자전거 몸통은 성인용 산악자전거야. 산악자전거는 몸체가 튼튼하지만 바퀴가 두꺼워서 속력 내기

어려워. 그래서 바퀴는 생활 자전거 바퀴로 바꿨어. 성인용이라 몸체가 높아서 보조 바퀴를 달아서 안전성을 높였고."

최기인이 쳐다보자, 세찬이가 조금 긴장했다. 그래도 안전 자전거 부품들을 가리키며 차분하게 설명했다.

"보조 바퀴가 있어도 브레이크를 잡지 못하면 위험하잖아."

"날 뭘로 보고! 브레이크 레버 간격도 손에 맞게 좁혔지."

세찬이가 안전 자전거 손잡이 레버를 잡았다 놨다 했다.

"이 자전거 이름이 '안전 자전거'야."

안느가 거들어 주었다.

"안전 자전거 정도는 아닌 거 같은데……?"

최기인이 입술을 삐죽 내밀며 자전거를 다시 훑어봤다.

"내 자전거는 3미터 안에 사람이나 사물이 있으면 저절로 경고음이 울려. 그래서 자전거 사고를 막을 수 있어."

세찬이가 안전 자전거 경고벨 스위치를 켰다.

'안녕하세요. 자전거가 나갑니다.'

경고벨에서 귀여운 아이 목소리가 나왔다.

"이게 뭐야! 와, 멋지다!"

최기인이 세찬이를 향해 엄지를 치켜세웠다.

경고음이 들리자 주위에 있던 사람들이 안전 자전거를 보러 다가왔다. 세찬이는 물론 안느와 수호도 으쓱했다.

하지만 곧 세 아이는 얼굴이 빨개졌고, 최기인은 어색하게 웃으며 친구들에게 돌아가 버렸다. 몰려들었던 사람들도 얼굴을 찡그리고 귀를 막으며 멀어졌다. 순식간에 세 아이 주위에는 아무도 남지 않았다.

'안녕하세요. 자전거가 나갑니다.'라는 경고음이 2초 간격으로 끝없이 울렸다.

"빨리 꺼!"

안느의 재촉에 세찬이가 스위치를 껐다. 경고음이 멈췄다.

"큰일 났다. 어쩌지?"

수호가 두 손으로 귀를 막은 채 말했다.

"어떡하긴. 경고벨을 떼야지."

안느가 딱 잘라 말했다.

"그럼, 안전 자전거란 기획이랑 안 맞아. 자전거 탄 사람이 깜박하거나 갑자기 사람이 튀어나와도 저절로 경고음이 울려야 서로 피할 수 있잖아. 이게 안전 자전거의 핵심이야."

세찬이가 열띠게 설명했다.

"심사도 하기 전에 심사 위원이 시끄럽다고 할 거 같은데?"

안느가 다시 주장했다. 하지만 세찬이는 아무 말 없이, 애꿎은 바닥만 발로 찼다. 그러다 슬쩍 경고벨 스위치를 켰다.

'안녕하세요. 자전거가 나갑니다. 안녕하세요. 자전거가 나갑니다. 안녕하……'

"어휴, 시끄럽긴 진짜 시끄럽네!"

세찬이가 얼른 스위치를 껐다.

"아주 엄청나게 시끄럽지는 않아. 그냥 위험한 상황이 아닌데도 계속 경고하는 게 좀 그렇다는 거지."

안느가 세찬이 눈치를 봤다.

"좋은 아이디어라고 결과물이 꼭 좋은 건 아니야. 3년 전에 대화할 친구가 필요해서 로봇 앵무새를 만들었거든. 근데 하는 말마다 다 따라 해서 진짜 짜증 났어. 트림, 방귀 소리까지 따라 했다니까."

수호가 과장스럽게 머리를 흔들었다.

"솔직히 재활용 쓰레기로 자전거를 만든 건 엄청 대단한 거야. 게다가 계획대로 만들었으니까 이미 성공한 거지. 실망할 필요 없어."

안느가 세찬이 등을 두드렸다.

"나, 생각 좀 해야겠어. 잠깐 실례할게."

세찬이가 고개를 숙인 채 대회장 밖으로 달려 나갔다.

잠시 뒤, 수호와 안느가 대회장 밖에 앉아 있는 세찬이 옆에 앉았다.

"오늘 매운 떡볶이 먹어야겠다, 그치?"

수호가 안느에게 눈을 찡긋했다. 세 친구는 짜증 나거나 슬플 때마다 아주 매운 떡볶이와 시원한 아이스크림을 먹었다.

"당연하지. 이따가 눈물쏙떡볶이 먹자. 내가 살게."

"그럼, 나 혼자 3인분 먹어도 돼?"

안느의 말에 세찬이가 고개를 번쩍 들며 물었다.

"뭐? 으…… 흐음. 휴~ 물론이지."

안느가 살짝 욱 했다가, 수호의 눈짓을 보곤 급하게 고개를 끄덕였다.

"그럼, 가자. 다음에 제대로 만들어서 다시 참가할래."

"열심히 만든 건데 그래도 심사는 받아 봐."

"아냐! 그건 내 자존심이야. 심사보다 자기 맘에 드는 작품을 만드는 게 훨씬 중요하니까. 먼저 간다. 이 녀석이랑 마지막 인사는 혼자 하고 싶어."

세찬이가 안전 자전거를 타고 운동장을 가로질렀다.

"오, 자존심……! 좀 멋진데, 그치?"

안느와 수호가 웃으며 고개를 끄덕였다. 그리고 리사이클링 대회가 한창인 체육관을 뒤로 하고 교문 쪽으로 달려갔다.

여기서 잠깐!

직렬연결과 병렬연결

전지는 연결하는 방법에 따라 직렬연결 혹은 병렬연결을 할 수 있어. 병렬보다 직렬로 연결했을 때 전구가 더 밝아.

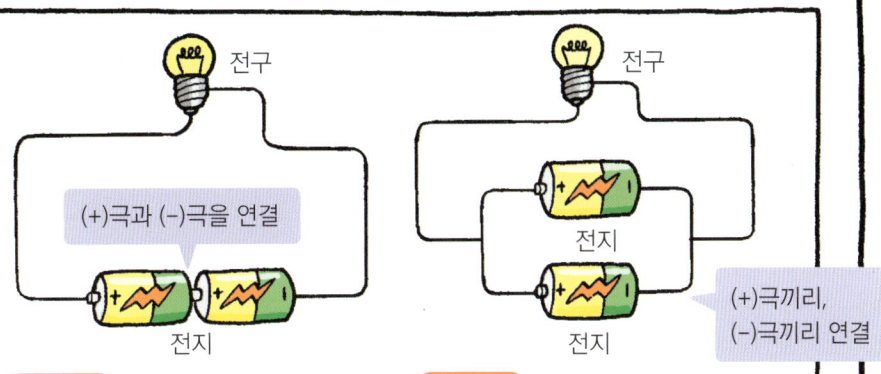

직렬연결
전기 회로에서 전지 2개 이상을 서로 다른 극끼리 연결하는 방법이야.

병렬연결
전기 회로에서 전지 2개 이상을 서로 같은 극끼리 연결하는 방법이야.

전구도 직렬 혹은 병렬로 연결할 수 있어. 전구는 직렬보다 병렬로 연결했을 때가 더 밝지. 대신 병렬로 연결한 전구가 더 많은 에너지를 소비해서 전지가 더 빨리 닳아.

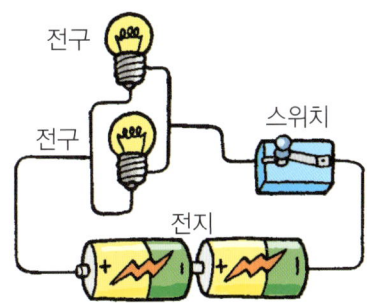

직렬연결
전기 회로에서 전구를 기차처럼 일렬로 연결하는 방법이야.

병렬연결
전기 회로에서 전구를 다른 줄에 나누어 연결하는 방법이야.

전구를 직렬로 연결하면, 전구 하나가 고장 나면 나머지 전구도 불이 꺼져. 전기 회로가 끊어지기 때문이야.

전구를 병렬로 연결하면, 한 전구가 고장 나도 다른 전구는 켜져. 전기 회로가 이어져 있으니까.

영구 자석과 전자석

내가 재미있는 자석을 보여 줄게. 바로 전기가 흐를 때만 자석이 되는 전자석이야.

큰 못이나 철심에 전선을 여러 번 감아서 전기 회로와 연결해. 그러면 철심에 전기가 흐를 때는 전자석으로 변해.

전기가 흐를 때 자석의 성질을 띤다고?

그래서 전.자.석이구나.

전자석 만드는 방법이 궁금하면, 160쪽 과학 레벨업 하기를 살펴봐!

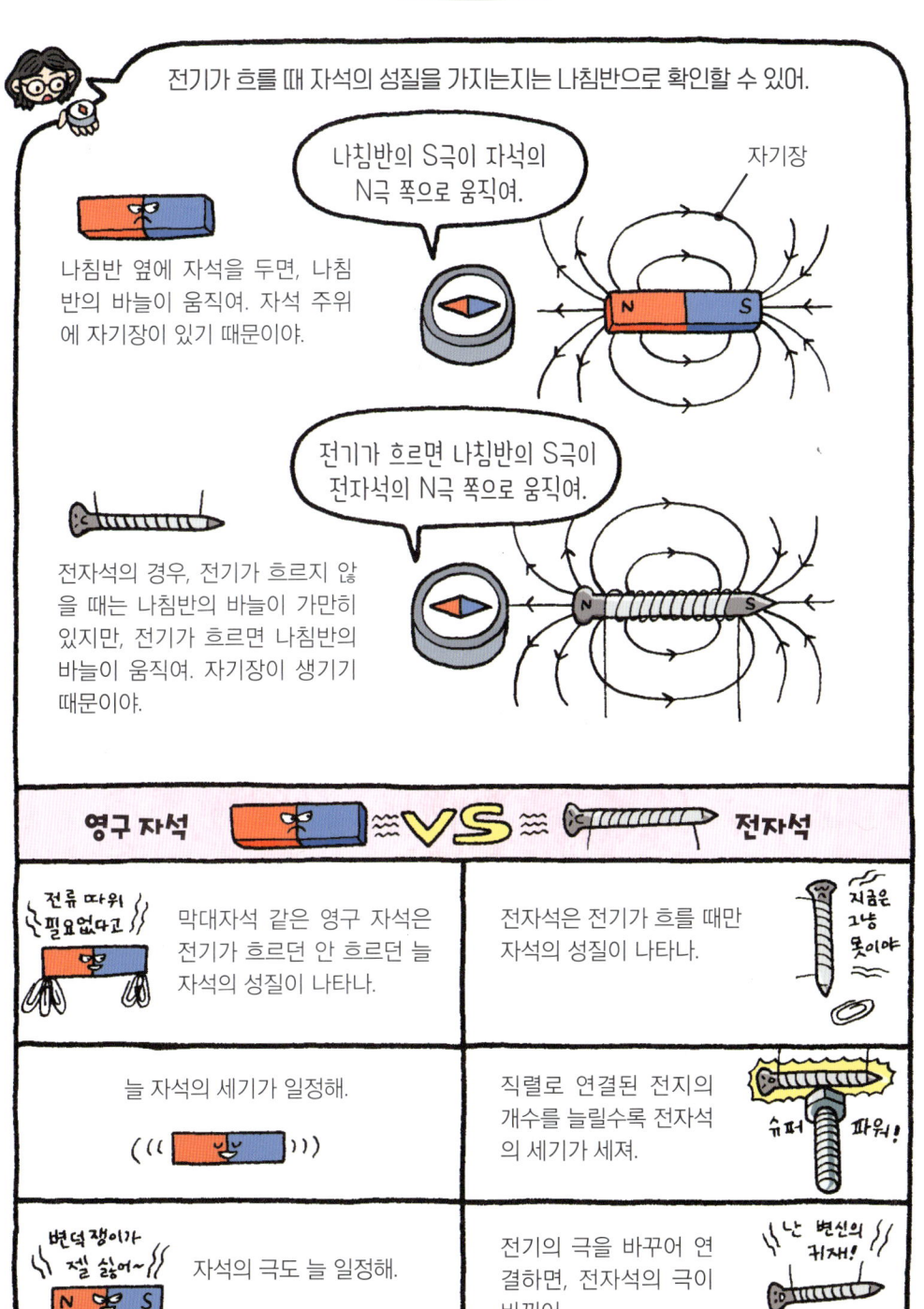

이제 다 끝난 줄 알았지?

아직 하나가 더 남았어!

바로 <u>과학 레벨업 하기!</u>

여기까지 정복하면, 어디서든 물리에 관한 과학 지식을 뽐낼 수 있을 거야.

그럼, 진짜 마지막 이야기, 시작한다!

LEVEL UP

눈 감고도 이 책의 → 과학 레벨업 하기 페이지를 펼쳐야 고수!

무게의 단위

볼록 렌즈에 햇빛을 통과시키면 어떻게 될까?

생활 여러 곳에서 쓰이는 볼록 렌즈

볼록 렌즈는 다양한 곳에 쓰여.

나 알아.

우리 할머니 돋보기 안경! 그거 볼록 렌즈지?

맞아. 글씨를 크게 보여 주지.

돋보기 안경 외에도 크게 보기 위한 물건들에 볼록 렌즈가 쓰이고 있어.

시계

루페(확대경)

망원경

현미경

내 코털이 이렇게 생겼구나.

전구에 불이 켜지는 조건

133쪽에 이어서~

전구에 불이 들어오게 하려면 아래의 조건들을 만족해야 해.

1. 전지, 전구, 전선의 도체 부분을 서로 연결해야 해. 전구의 유리 부분, 전지의 옆면 등은 부도체라 전선을 연결해도 전류가 흐르지 않아.

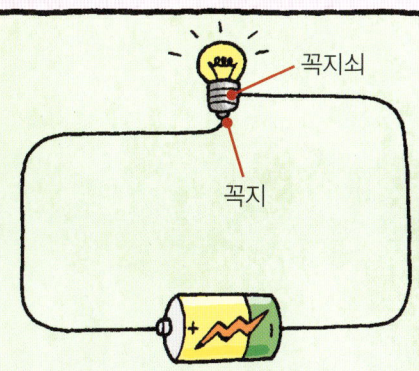

2. 전지의 (+)극과 전지의 (-)극을 전선을 이용해 중간에 끊긴 곳이 없게 전구의 꼭지와 꼭지쇠에 하나씩 연결해야 해.

3. 전구 끼우개, 전지 끼우개, 집게 전선이 있으면 전기 회로를 더 편하게 연결할 수 있어. 또 스위치가 있으면 전구의 불을 켰다 껐다 조절할 수 있어.

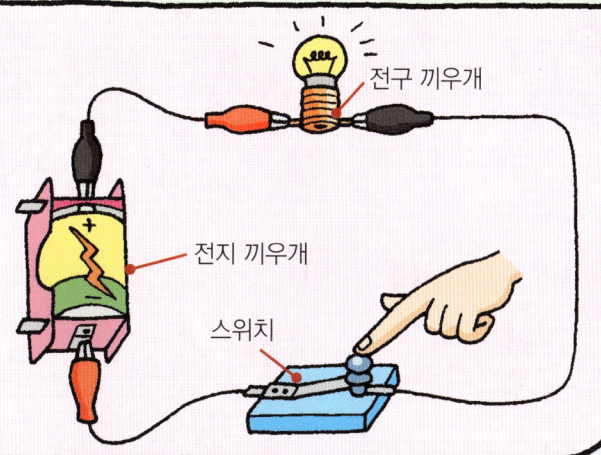